Essay-writing in German

A student's guide

Winifred V. Davies

Manchester University Press

Manchester and New York

distributed exclusively in the USA by St. Martin's Press

Copyright © Winifred V. Davies 1997

Published by Manchester University Press
Oxford Road, Manchester M13 9NR, UK
and Room 400, 175 Fifth Avenue, New York, NY 10010, USA

Distributed exclusively in the USA
by St. Martin's Press, Inc., 175 Fifth Avenue, New York,
NY 10010, USA

British Library Cataloguing-in-Publication Data
A catalogue record for this book is available from the British Library

Library of Congress Cataloging-in-Publication Data applied for

ISBN 0 7190 3887 1 *hardback*
     0 7190 3888 X *paperback*

First published 1997

01 00 99 98 97   10 9 8 7 6 5 4 3 2 1

Printed in Great Britain
by Biddles Ltd, Guildford and King's Lynn

The *German Texts* series has been devised in response to recent curricular reforms at school and undergraduate level. A major stimulus to the thinking of the editorial board has been the introduction of the new A level syllabuses. The Manchester editions have accordingly been designed for use in both literature and topic-based work, with the editorial apparatus encouraging exploration of the texts through the medium of German. It is envisaged that the Manchester editorial approach, in conjunction with a careful choice of texts and material, will equip students to meet the new demands and challenges in German studies.

Essay-writing in German

Contents

Preface

This book has been written largely in response to my own professional needs: teaching non-native speakers how to write in German. The issues dealt with in the book reflect my experience that, if enough guidance is given at the different stages of text production (even with the prewriting stage of assembling ideas), classes on writing in a foreign language can provide an opportunity for students to acquire not only linguistic skills, but also to learn more general skills, such as how to construct a convincing argument or how to extract the relevant points from a mass of data.

The discussion of appropriate structures and linguistic forms will be relevant to the production of a range of text types, but, as the title indicates, the major emphasis will be on essay-writing. The reason for this is that the skills required for this type of writing are just as essential for writing essays in the first language as in the target language, and essay-writing is an important component of most courses on literature, linguistics, history, etc., which are often studied alongside the foreign language.

The book is intended for use by individuals working on their own or as a textbook in the classroom. Although only a few of the assignments are explicitly suggested as being suitable for group-work, many of them could be used in this way. It is up to the teacher how he or she wishes to use them.

Some exercises demand a more thorough knowledge of German than others. As the book is aimed at learners of German at different stages in the learning process, this is inevitable.

It is assumed throughout that students' passive competence will be greater than their active competence, and therefore the level of German they can be expected to comprehend in example sentences and sample texts is consistently higher than the level they are expected to produce in assignments. I have occasionally simplified German examples, but not often, as I believe this works against the principle of authenticity.

Where possible, the examples, especially the longer texts, have been chosen not only to illustrate a particular grammatical or stylistic point, but to give information about current affairs in Germany today.

W. V. D.

Acknowledgements

My very special thanks go to Susan Tebbutt and Andy Hollis for reading the manuscript so thoroughly and for taking so much time to comment constructively on it. I am also grateful to Burgi Petrischek, Thorsten Krings, Heike Schwab and Inge Owen for their help, and to Christiane Banerji and Stephen Parker, in discussions with whom the idea for this book was originally developed. I would also like to thank Petra Kopp for her thorough copy-editing.

I am grateful to the following for permission to reproduce copyright material: The *Frankfurter Rundschau* for the article 'Neun Europäer aus Bergwerk entführt'; the *Deutsche Presse-Agentur GmbH* for the article 'Berufspendler wachte erst in Frankreich auf'; *Die Welt* for the article 'Sprachverfall'; the *Saarbrücker Zeitung* for an extract from the article 'Husseins Ministerpräsident wurde in Kairo erschossen'.

1 Introduction

Writing in the **target language** has always been an important part of any foreign language course, and it is still used widely to test students' linguistic competence. There are good reasons for practising writing in a foreign language:

● The writer can practise using the grammar, vocabulary and discourse structures of the target language.
● The writer learns to express her- or himself clearly and effectively.
● In order to write effectively on a topic, the writer must be well acquainted with it; this means learning where to look for factual information in the foreign language.
● The writer learns to organise material, to distinguish between the relevant and the irrelevant, important and the less important points, and to construct a logical and convincing argument.

Outside the world of education, however, people write in order to communicate ideas to other people, not in order to gain competence in the above-mentioned skills. This introduction stresses the communicative aspect of writing and tries to illustrate how writers can convey their ideas effectively in order to evoke the desired response in their readers.

1.1 Types of writing

Students are usually required to be able to cope with a variety of written tasks, and to produce different text types in the target language, e.g.

(a) LETTERS (formal, e.g. to a newspaper, and informal, e.g. to a friend),
(b) REPORTS, often based on information presented in the target language in the form of diagrams, tables, etc.,
(c) REFLECTIVE ESSAYS, where writers are expected to express their thoughts and feelings regarding various issues. In this sort of essay the writer often has to argue for or against a particular standpoint. A typical question is *„Erzwungene Untätigkeit" oder „Ein neues goldenes Zeitalter": Wie stellen Sie sich das Leben nach der „dritten industriellen Revolution" vor?*

1

The discussion of appropriate structures and linguistic forms will be relevant to all these text types, but in this book special attention will be devoted to essay-writing.

1.2 Communicative function

One of the first steps that writers have to take is to decide what the purpose of the text, its communicative function, is to be. Important communicative functions are:

(a) TO REPORT,
(b) TO NARRATE,
(c) TO ARGUE A CASE.

Texts produced to fulfil these communicative functions differ from each other as follows:

(a) REPORT: reports can be either relatively objective collections of factual information about a particular subject matter, with the authors keeping their own opinions to themselves, or they can incorporate the authors' comments on the subject matter under discussion. Some examining boards ask for a *Kommentar* on data provided; in this case, it is quite clear that personal comment and evaluation are expected.

(b) NARRATIVE: this is usually a report of an event by someone involved in it. Certain aspects of interest to the narrator will be highlighted at the expense of others which he or she perceives as less relevant or interesting.

(c) ARGUMENT results in a reflective text, i.e. a detailed, lucid and logically argued treatment of a topic – what English-speakers usually refer to as an 'essay'. It could be written in response to a question on a literary text, or it could be written in response to a statement (*„Eine Frauenbewegung ist nicht mehr nötig." Nehmen Sie zu dieser Behauptung Stellung.*) or a question (*Welche Rolle spielt die Universität in der heutigen Gesellschaft?*). Students are expected to be able to argue a case and to reach a convincing conclusion on the basis of the points dealt with in the body of the essay. They have to be able to provide information, as a report-writer would, but they have to show themselves capable of evaluating it, of assessing the relative importance or reliability of a particular source of evidence, for example, and of judging its relevance for their particular argument.

To see how the communicative function of a text influences the choice of linguistic features, look at the following texts, both of which deal with the same subject matter but treat it in different ways.

EXAMPLE 1.1

Neun Europäer aus Bergwerk entführt

Von einem Bergwerksgelände im westafrikanischen Sierra Leone sind 15 Mitarbeiter entführt worden. Darunter seien das britische Direktoren-Ehepaar, ein Deutscher, ein Schwede sowie fünf Briten, teilte ein Sprecher der Bergwerksgesellschaft Sierra Leone Ore and Metal Company mit. Ein Beschäftigter des schweizerischen Unternehmens aus Sierra Leone sei bei dem Überfall getötet worden.

In der Umgebung des Bergwerks bekämpfen sich Regierungstruppen und Einheiten der Vereinten Revolutionären Front (RUF). In den vergangenen Monaten waren vier Europäer in Sierra Leone entführt worden. Am 12. Januar drohte die RUF, sie werde zwei der Geiseln, beides Briten, umbringen. Sie seien „verdeckte Militärberater" gewesen. („Frankfurter Rundschau", 20.1.95)

EXAMPLE 1.2

Dakar, den 15. März 1995

Liebe Tante Anna,

es tut mir leid, daß ich so lange nicht geschrieben habe, aber ich war krank und mußte mich von der Arbeit beurlauben lassen. Du siehst ja an der Adresse, daß ich nicht mehr in Sierra Leone bin. Vor sechs Wochen passierte da etwas Furchtbares. Eine Bande von bewaffneten Männern stürzte mitten in der Nacht in unsere Siedlung hinein. Aus irgendeinem Grund kamen sie nicht in das Gebäude hinein, in dem ich und noch ein paar Frauen wohnten. Wir hatten furchtbare Angst, denn wir wußten, daß Europäer schon entführt worden waren. Wir Frauen sahen nicht viel, weil wir uns versteckten, aber wir hörten, wie die Männer dem Direktor und den anderen Angestellten befahlen mitzugehen. Es kam aber noch schlimmer. Einer der Angestellten, ein Einheimischer, muß versucht haben zu fliehen – nur so kann ich mir erklären, was dann passierte. Wir hörten einen Schuß, dann Schreie, bevor alle schnell abgeführt wurden. Als wir uns endlich aus unserem Versteck trauten, sahen wir einen Toten auf dem Boden liegen. Es war ganz furchtbar – so etwas möchte ich nie wieder erleben. Er war erst 24 Jahre alt und hatte sein ganzes Leben vor sich und jetzt lag er da, mit einer Kugel im Kopf. Ich kann immer noch nicht richtig glauben, daß er tot ist.

Fünfzehn unserer Mitarbeiter wurden entführt, und man weiß immer noch nicht, wo sie sind. Es gibt sowohl Rebellen wie auch Regierungstruppen in der Nähe des Bergwerks, und die Polizei behauptet, daß jene für den Überfall verantwortlich sind.

Ich werde in ein paar Wochen wieder in Deutschland sein, dann melde ich mich bei Dir.

Liebe Grüße

Deine Ingrid.

Example 1.1 is a report, Example 1.2 is a narrative. Example 1.1 reports the events objectively and gives no indication of the journalist's own subjective reaction to the facts. Neither does he or she speculate regarding the feelings of those involved. The sense of objectivity is underlined through the use of the subjunctive for indirect speech, the author being careful to distinguish between facts and opinions provided by her- or himself and facts and opinions obtained second-hand from other sources.

Example 1.2 tells the story of the same event from the perspective of someone who was caught up in it, and Ingrid describes her subjective reactions to the facts, as well as the facts themselves. This is underlined by her frequent use of the pronouns *ich* and *wir*, as well as intensifiers such as *ganz*, e.g. *ganz furchtbar*, and adjectives that convey subjective value judgements, such as *furchtbar* and *schlimm*.

The difference between the two texts is especially clear in their treatment of the employee's death. In Example 1.1, this is reported concisely as a fact provided by the company's spokesperson, with no indication of the journalist's feelings. In Example 1.2, on the other hand, the author's feelings regarding the death are clearly apparent.

ASSIGNMENT 1

Read the following newspaper report and then rewrite it as a narrative from the point of view of any one of the characters involved. Write a letter to a friend or relative to recount what happened.

Berufspendler wachte erst in Frankreich auf

Ein auf der Rückfahrt aus seinem Frankfurter Büro eingeschlafener Berufspendler aus Weiterstadt ist erst in Frankreich wieder erwacht.

Wie die Darmstädter Polizei am Donnerstag mitteilte, hatte der 39jährige am Mittwochabend den 19-Uhr-Zug nach Paris genommen, um in Darmstadt auszusteigen, war aber unterwegs eingenickt. Als Mitreisende ihn gegen zwei Uhr weckten, war der Zug bereits in Frankreich.

In der Zwischenzeit hatte seine Frau ihn als vermißt gemeldet und damit eine Fahndung ausgelöst, die gestoppt wurde, nachdem sich der 39jährige telefonisch aus Frankreich gemeldet hatte. („Frankfurter Rundschau", 20.1.95)

There is no one-to-one relationship between communicative function and text type. One text type, such as a letter, can fulfil different communicative functions, just as the same communicative function can be realised by more than one text type.

To illustrate the last point, consider the following two tasks and answer the questions that follow. Check your answers on page 78.

(a) *Schreiben Sie einen Brief an das Ministerium, in dem Sie gegen den Bau eines neuen Kernkraftwerkes protestieren.*
(b) *Besprechen Sie die Vor- und Nachteile der Kernenergie.*

1. What text type would you produce in response to task (a)?
2. What text type would you produce in response to task (b)?
3. How would you describe the communicative function of the text produced in response to (a)?
4. How would you describe the communicative function of the text produced in response to (b)?

1.3 Looking ahead

The text type that we shall be concentrating on in this book is the reflective essay, and the communicative function we shall be most concerned with is argument. There will, however, be some discussion of the other two text types mentioned in this chapter (letter and report), and much of the material on appropriate structures and linguistic forms will be relevant to writing in German in general.

Three basic components of any written text are the CONTENT, the STRUCTURE and the LINGUISTIC FORM, all being of equal importance: readers are unlikely to be impressed by interesting and original ideas if these are badly organised and/or written in a form of German which is unacceptable (e.g. because it is too colloquial or too much like 'journalese').

The next four chapters will deal with these three components. In Chapter 2 we shall be looking at preparation (how to assemble ideas, i.e. the content), in Chapter 3 at structure (how to order the ideas), in Chapter 4 at how to construct a convincing argument, and in Chapter 5 at cohesion (how to link the ideas). The concluding chapter, Chapter 6, deals with language (how to choose the right expression for the ideas).

The glossary gives brief definitions of technical terms used in the book (printed in **bold** in the text), and the bibliography lists works referred to in the text as well as those reference works which are likely to be most accessible and useful for students. The suggested answers to the assignments (numbered consecutively throughout) are at the end of the book.

Note that German has its own conventions for referring to works by other authors. Titles are usually given in quotation marks rather than in italics, and in the body of this book we have adopted the same convention to refer to German texts.

2 Preparation

This chapter provides some tips on how to prepare your material before starting to write. A writer cannot create an effective piece of work without spending some time assembling information and sorting it out before beginning to write a first draft.

2.1 Understanding the requirements of the question

Unless you have understood what is required of you, you will not know what information to search for. The following questions are intended as guidelines to help you to check whether you have understood the task set for you.

2.1.1 Key words

What are the key words in the question, i.e. which words provide most information as to what is required of you and which issues you are expected to address? Key words give rise to key questions:

EXAMPLE 2.1

Inwiefern kann man in unserer Zeit der internationalen Zusammenschlüsse noch vaterländisch denken?

Suggested key questions

- Was sind diese internationalen Zusammenschlüsse?
- Wie wirksam sind sie?
- Was bedeutet „vaterländisch denken"?
- Schließen die beiden Begriffe „internationale Zusammenschlüsse" und „vaterländisch denken" einander aus?

EXAMPLE 2.2

Die Pressefreiheit – Illusion oder Eckstein der Demokratie?

- Was versteht man unter „Pressefreiheit"?
- Was versteht man unter „Demokratie"?
- Wie trägt die Pressefreiheit zur Demokratie bei?
- Warum sind einige Leute der Meinung, daß die Freiheit der Presse illusorisch sei?

EXAMPLE 2.3

Schreiben Sie einen <u>Kommentar</u> zu der folgenden Darstellung, „Die <u>Last</u> auf der <u>mittleren Generation</u>." <u>Erklären</u> Sie die Statistik, und ziehen Sie <u>Schlüsse</u> daraus.

Suggested key questions

- Worin besteht die hier dargestellte „Last"?
- Trifft die Überschrift auf die Statistik zu?

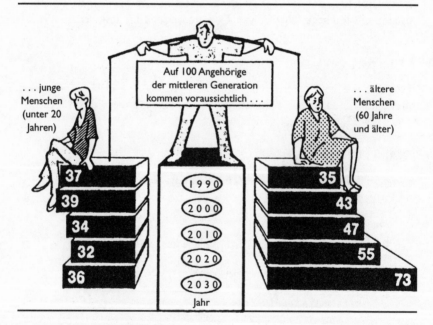

Figure 2.1 Die Last auf der mittleren Generation.
Source: Vorausberechnungen des Statistischen Bundesamts (1992)

Which are the key words in the following questions? Make up key questions and compare them afterwards with the suggestions on page 78.

1. „Eine Frauenbewegung ist nicht mehr nötig." Nehmen Sie zu dieser Behauptung Stellung.
2. „Partnerschaft ja, Heirat nein." Was sind die Vor- und Nachteile des modernen Trends zur offenen Beziehung?

2.1.2 Knowledge of the topic

Do you know enough about your chosen subject to be able to express an opinion based on both an awareness of the most important facts and on a balanced evaluation of those facts?

If you do not already know enough about the subject, do you know how to get hold of enough material to answer the requirements of the question fully? (This is not relevant if you are being asked to write a report on data provided for you.)

When taking notes from another author's work, make sure that you differentiate clearly between direct quotations (i.e. the writer's own words) and your own paraphrases and summaries of the writer's ideas. Note down the author's name, the title of the book, the date and place of publication, and the name of the publisher. If you are taking notes from an article in a journal or newspaper, make a note of the author's name, the title of the article, the name of the journal or newspaper, the date of publication, and the page numbers of the article. Also note down page numbers of notes and quotations so that you can find them again easily should you need to check anything. However, try to make sure that your notes are so full and so clear that you will not need to refer back to the original. Take notes in your own words as far as possible.

● Can you list the most important arguments for/against your standpoint?
● What are the advantages/disadvantages (e.g. of press freedom)?
● Do your arguments and examples show that you are familiar with the German-speaking world?
● Do you have the vocabulary to discuss the subject in German? (Tip: Keep a loose-leaf notebook in which you list new vocabulary by subject, e.g. *Frauen, Die Grünen, Rassismus*, with one section for generally useful phrases, e.g. *Ich komme unweigerlich zu dem Schluß, daß . . .*)

2.2 Ordering your ideas

The following questions are intended as guidelines to help you order your information and opinions after you have assembled them:

● Have you listed all the points that you consider relevant?
● Can you arrange those that are related in a few overarching categories so that links between ideas will be obvious to the reader?
● If it is an essay in which you are asked to argue a case, have you included the arguments that oppose your own standpoint as well as those that support it? If you do not do this, your essay will appear unbalanced and unconvincing.
● Is your line of reasoning clear?
● When sorting out your ideas, make sure that you do not repeat yourself: make every point once only.
● Ensure that each point you make is relevant to your argument.
● If you are preparing to write a report, have you organised the data in the most effective fashion? If you have been asked to comment on some statistics, have you organised your material in such a way that general points become clear? If you are writing a report on an event, such as a car accident, have you arranged your material chronologically?

EXAMPLE 2.4

„Eine Frauenbewegung ist nicht mehr nötig." Nehmen Sie zu dieser Behauptung Stellung.

Here, the following general categories might be useful as an aid to structuring your material:

(a) *die Stellung der Frau im öffentlichen Bereich (z.B. im Berufsleben),*
(b) *die Stellung der Frau im privaten Bereich (z.B. im Haushalt).*

Each category could be further subdivided into (i) *Beweise für Fortschritte,* and (ii) *Beweise für mangelnde Fortschritte.*

EXAMPLE 2.5

In Deutschland sind Frauen nicht wehrpflichtig und dürfen keinen Dienst an der Waffe leisten. Inwiefern könnte das als Verstoß gegen die vom Grundgesetz garantierte Gleichberechtigung von Mann und Frau verstanden werden?

In this case, the following categories might prove useful:

(a) unterschiedliche Interpretationen des Begriffs „Gleichberechtigung",
(b) Beispiele dafür, wie solche Regelungen diskriminierend sind,
(c) das Problematische am Begriff „Wehrpflicht".

The first two categories could be further subdivided, e.g.

(a) (i) die Auffassung (bei Frauen und Männern), daß körperliche und psychologische Unterschiede zwischen Männern und Frauen der Gleichberechtigung Grenzen setzen,

(ii) die Auffassung, daß die Akzeptanz von solchen vermuteten Unterschieden zur Aufrechterhaltung der untergeordneten Rolle der Frau in der Gesellschaft beiträgt.

(b) (i) Männer werden diskriminiert, weil sie eine Leistung aufbringen müssen, die von Frauen nicht erwartet wird,

(ii) Frauen werden diskriminiert, weil ihre scheinbare Schutzbedürftigkeit das Stereotyp von ihnen als dem „schwächeren" Geschlecht bestätigt.

ASSIGNMENT 4

On the pattern of the above examples, list and order the points you consider relevant for the following essay titles. If possible, first work in pairs, then, when both of you have agreed on the points that you wish to include in your essay, compare notes with another pair of students. In this way, far more ideas will emerge than if you work alone. Some answers are suggested on page 79.

1. *„Der Sonntag sollte nicht zu einem normalen Wochentag werden." Nehmen Sie zu dieser Behauptung Stellung.*
2. *Die Pressefreiheit – Illusion oder Eckstein der Demokratie?*
3. *Verbot oder Legalisierung – wie löst man das Problem des Drogenmißbrauchs?*
4. *Welche Rolle spielt die Universität in der heutigen Gesellschaft?*

ASSIGNMENT 5

For this assignment, you do not have to collect information, as the data are provided for you; your task is to organise the statistics in such a way that they illustrate general points. A suggested plan is on page 81.

Schreiben Sie einen Kommentar zu den folgenden Daten und ziehen Sie Schlüsse daraus.

1900
Die Durchschnittsgröße eines Haushalts beträgt 4,5 Personen.

1949
3% aller Frauen machen das Abitur.

1950
19,4% aller Haushalte sind Einpersonenhaushalte.
Jede Person verfügt über 15 Quadratmeter Wohnraum.
Die Deutschen essen 37 Kilo Fleisch pro Person pro Jahr.
Der Durchschnittsdeutsche raucht 500 Zigaretten und trinkt 35 Liter Bier pro Jahr.

1955
72% aller Dreizehnjährigen besuchen nur eine Hauptschule.
0,9 Ehepaare pro Tausend lassen sich scheiden.

1957
Jedes fünfte Paar hat drei oder mehr Kinder.

1968
33% aller Wohnungen haben Bad, Dusche, WC und Zentralheizung.

1970
10% aller Schüler machen das Abitur.

1985
33,6% aller Haushalte sind Einpersonenhaushalte.
37% aller Dreizehnjährigen besuchen nur eine Hauptschule.

1987
20% aller Frauen machen das Abitur.

1990
Die Durchschnittsgröße eines Haushaltes beträgt 2,3 Personen.
Die Deutschen essen über 100 Kilo Fleisch pro Person pro Jahr.
Der Durchschnittsdeutsche raucht 2 000 Zigaretten und trinkt 143 Liter Bier pro Jahr.
2,9 Ehepaare pro Tausend lassen sich scheiden.

1993
Jedes siebte Paar hat drei oder mehr Kinder.
Jede Person verfügt über 36 Quadratmeter Wohnraum.
74% aller Wohnungen haben Bad, Dusche, WC und Zentralheizung.
33% aller Schüler machen das Abitur.
(Data taken from Fischer, 1993, and Kolinsky, 1993.)

2.3 Preparing under examination conditions

Despite the time constraints that operate when writing essays in an examination situation, it is a false economy to omit the preparation stage.

2.3.1 Understanding the requirements of the question

This is especially important in an examination, when students tend to be more nervous than usual. It is also important to avoid the temptation to answer the question that you have prepared rather than the question that is actually being asked. For instance, the question *Wie wichtig ist die Umwelt?* is not an invitation to write down everything you know about environmental issues.

2.3.2 Ordering your ideas

If you spend a few minutes making a plan for your essay, you are less likely to run out of ideas in the middle of writing and to waste time racking your brain trying to think of the next point. (This is not to underestimate the power of associative thinking. Some ideas may not occur to you until you have started writing, but unless you have a good stock of ideas before you start writing, then it is probably sensible to choose another question.)

3   Structure

This chapter contains advice on how to structure your work.

The two basic structures you will have to choose between are:

● THE SINGLE THREAD, e.g. in answer to a question such as *Welche Rolle spielt die Universität in der heutigen Gesellschaft?*, or *Schreiben Sie einen Kommentar zu der folgenden Darstellung. Erklären Sie die Statistik und ziehen Sie Schlüsse daraus.*

● PRO AND CONTRA, e.g. in answer to a question such as *„Eine Frauenbewegung ist nicht mehr nötig." Nehmen Sie zu dieser Behauptung Stellung.*

The single-thread structure is usually the most suitable for reports, but letters or reflective essays may have either structure. However, reflective essays with a single-thread structure tend to be one-sided and tendentious, i.e. to present only one side of an argument and to fail to discuss the merits of opposing arguments. Remember that one of the main reasons for including essay-writing in the curricula of schools and universities is to develop students' skills in thinking dialectically, i.e. in assessing the truth of a statement by discussion of the arguments for and against it. You should, therefore, structure your essay in such a way as to avoid being one-sided and tendentious.

If you are using the pro-and-contra structure, you will need to order the arguments for both sides of the issue. In terms of communication the most effective way of ordering your ideas is to deal first with the arguments with which you disagree (**A**), and to finish off with the arguments which you find most convincing (**B**) and which you wish your readers, too, to accept. This means that the readers will reach the conclusion of the essay with the arguments that you favour uppermost in their minds. This pattern can be represented as: A1, A2, A3; B1, B2, B3 (B4, B5, etc.).

Another possibility is to present the arguments with which you disagree, but to follow each one immediately with a counter-argument, i.e. the pattern would be: A1, B1; A2, B2; A3, B3.

Any further arguments which support your case and which you consider irrefutable (i.e. there are no counter-arguments to be presented) will come at the end, i.e.: A1, B1; A2, B2; A3, B3; B4, B5, B6.

This pattern is not as reader-friendly since some of the arguments on which you will be basing your conclusion will have been mentioned quite early on and your readers will have to go back to them to be sure that your conclusion is justified. Also, an argument with which you disagree cannot always be refuted, i.e. proved to be factually incorrect. Often, your case will depend not on refuting each of your opponents' arguments in turn, but on demonstrating that, cumulatively, your arguments carry more weight than theirs.

ASSIGNMENT 6

In order to illustrate the differences between the single-thread and the pro-and-contra structures, list the points you would wish to include in your answers to the following two tasks:

1. *Schreiben Sie einen Brief an das Ministerium, in dem Sie gegen den Bau eines neuen Kernkraftwerkes protestieren.*

2. *Sie haben an einer Demonstration gegen den Bau eines neuen Kernkraftwerkes teilgenommen. Schreiben Sie einen Brief an einen Freund/eine Freundin, worin Sie die Demonstration und die Gründe für Ihre Teilnahme beschreiben.*

If you use a pro-and-contra structure, note which pattern it follows: A1, A2, A3; B1, B2, B3, or A1, B1; A2, B2; A3, B3. Suggested answers and comments are on page 82.

Despite the differences between the single-thread and the pro-and-contra structures, both share the basic form INTRODUCTION – BODY – CONCLUSION.

3.1 The introduction

This is the part of the text which orientates the readers with respect to what is to come. It sets the scene, in a manner of speaking.

● It does not need to be very long.

● There is no need to repeat the question, but it should nevertheless be clear which one is being addressed.

● It should show clearly the nature of the problem(s).

● Go straight to the key words and, if necessary (i.e. if they can be defined in more than one way), state briefly how you interpret them. (But steer clear of simply repeating a dictionary definition unless this definition is in some way relevant to your argument, for example, because you wish to dispute its general validity.)

● In some cases it will be necessary to give some background information.

● Some writers make it quite clear in the introduction what their personal view is. Others are content to point out that opinions on the issue diverge and then outline the most important divergences.

● If you are writing a report on data provided by the teacher or the examiner, a good way of starting off is with a general statement that summarises the main points without going into detail.

The best way of learning how to write an introduction is to look at examples of introductory paragraphs. You will then see that there is no one magic formula to which all writers adhere, but that the most successful ones manage to arouse interest in various ways.

EXAMPLE 3.1

In Deutschland sind Frauen nicht wehrpflichtig und dürfen keinen Dienst an der Waffe leisten. Inwiefern könnte das als Verstoß gegen die vom Grundgesetz garantierte Gleichberechtigung von Mann und Frau verstanden werden?
Laut Artikel 3 der Verfassung der Bundesrepublik darf niemand aufgrund seines Geschlechts benachteiligt werden. Was die Arbeit angeht, sollen deutsche Arbeitgeber Stellen weder nur für Männer noch nur für Frauen ausschreiben (vgl. Bürgerliches Gesetzbuch §611b). Trotzdem ist es Frauen nicht immer erlaubt, unter denselben Bedingungen wie ihre männlichen Kollegen zu arbeiten, so zum Beispiel bei der Armee. Deutsche Frauen dürfen zwar bei der Bundeswehr dienen, aber sie werden nicht zum Dienst an der Waffe zugelassen. Andere Länder behandeln ihre Bürgerinnen anders: in Israel zum Beispiel unterliegen Männer und Frauen der Wehrpflicht, und in den USA dienen Soldaten und Soldatinnen unter vergleichbaren Bedingungen. Bedeutet das denn, daß deutsche Frauen auf diesem Gebiet im Vergleich zu ihren männlichen Mitbürgern unzulässigerweise diskriminiert werden?

Here the author provides the reader with background information about the legal position of women in Germany. Some information about other countries is also given in order to provide a basis for comparison. The last sentence summarises in question form the issues which have been touched on in the rest of the introduction: Is there discrimination against women? If there is, is it admissible (*zulässig*)? The author obviously sees these as the two main issues to be addressed in the body of the essay.

EXAMPLE 3.2

Ist das Deutsche eine Männersprache?
Das Wort „Männersprache", wie andere zusammengesetzte Wörter im Deutschen, läßt sich auf zwei verschiedene Weisen deuten. Man könnte es als „die Sprache von Männern" interpretieren, d.h., als eine meistens oder nur von

16

Männern verwendete Sprache. In diesem Zusammenhang kann diese Interpretation unmöglich die passende sein, weil die deutsche Sprache offensichtlich sowohl von Männern als auch von Frauen gesprochen wird. Den Begriff „Männersprache" kann man aber auch anders interpretieren, nämlich als eine Sprache, die den Mann anscheinend bevorzugt, ihn als Norm betrachtet, und die Frau als zweitrangig darstellt. Ob die deutsche Sprache als eine „Männersprache" in diesem Sinne beschrieben werden kann, wird sich im Laufe dieses Aufsatzes zeigen.

The author starts off by referring to the potential ambiguity of the word *Männersprache*. In other words he or she is referring directly to the title. We are told what the two different meanings could be, and one of them is dismissed as not possible in the context. The second interpretation briefly gives us an idea of the issues that will be dealt with in the body of the essay.

EXAMPLE 3.3

Diszipliniert, aggressiv, sorgfältig, zielstrebig und gründlich organisierend – inwiefern stimmt dieses Bild vom „typischen Deutschen"?
    Typisch deutsch sein heißt eigentlich, so sein, wie wir uns die Deutschen vorstellen. Wir gebrauchen solche Vorstellungen oder Stereotype, um es uns leichter zu machen. Dann glauben wir, daß wir fremde Leute beziehungsweise Völker durchschaut und eingeordnet haben. Stereotype spiegeln zwar vielleicht einen Aspekt der Wirklichkeit wider, aber im Grunde sind sie Verallgemeinerungen, deren Gültigkeit oft etwas zu wünschen übrig läßt. Sie können auch gefährlich sein, wenn sie uns dazu verleiten, Menschen als Typen statt als Individuen zu sehen. Das oben dargestellte Stereotyp des Deutschen schließt bestimmt nicht alle Deutschen ein. Wie ist es zustande gekommen, und wie zutreffend ist es?

In this introduction the author takes issue with the concept of national stereotypes, thus indicating to the reader that, in her or his opinion, the essay cannot be dealt with as a simple yes/no question referring only to the Germans, but that it raises the wider issue of stereotyping people and nations. The author formulates the issues that he or she intends to deal with in the body of the essay.

EXAMPLE 3.4 (see Figure 2.1 on page 8)

Schreiben Sie einen Kommentar zu der folgenden Darstellung. Erklären Sie die Statistik und ziehen Sie Schlüsse daraus.
    Diese Darstellung zeigt, daß die mittlere Generation, d.h. Menschen zwischen 20 und 60, wegen der zunehmenden Zahl der Rentner eine immer schwerere Last trägt.

This sentence gives sufficient information for the reader to know what sort of details to expect in the body of the report; it shows that the author has understood the meaning of the key word *Last*, i.e. a financial burden.

First write introductions of your own on the following topics:

● *Inwiefern kann man in unserer Zeit der internationalen Zusammenschlüsse noch vaterländisch denken?*
● *Die Pressefreiheit – Illusion oder Eckstein der Demokratie?*
● *„Eine Frauenbewegung ist nicht mehr nötig."* *Nehmen Sie zu dieser Behauptung Stellung.*

Then read the example introductions and think about the questions which follow.

EXAMPLE 3.5

Heutzutage ist fast jedes Land in internationale politische oder wirtschaftliche Organisationen integriert. Die UNO, die NATO und die EU sind hier gute Beispiele. Man hat schon immer durch die Bildung von Allianzen versucht, den Frieden in einer bestimmten Region zu sichern oder bessere Handelsbedingungen zu erzielen. Wahrscheinlich sind wir aber die erste Generation, der richtig klar geworden ist, daß die von uns auf nationaler Ebene getroffenen politischen, wirtschaftlichen und ökologischen Entscheidungen schwere Folgen für andere Länder und Völker haben können. Zum Beispiel zeigte uns der Unfall von Tschernobyl, daß die durch die Atomindustrie verursachte Umweltverschmutzung keine Landesgrenzen kennt und am besten durch internationale Zusammenarbeit bekämpft wird. Aber inwiefern läßt sich das wachsende Bewußtsein der Interdependenz aller Völker mit einer besonderen Liebe zum eigenen Land, dem sogenannten Vaterland, vereinen?

EXAMPLE 3.6

Prüfstein für den Reifegrad einer Demokratie ist immer die Pressefreiheit. Länder ohne Pressefreiheit, in denen Zeitungen und Zeitschriften einer offiziellen Zensur unterliegen, fallen durch die Einheitlichkeit ihrer Berichterstattung auf. In Ländern, deren Verfassungen die Pressefreiheit gewährleisten, wie z.B. in der BRD oder den USA, kann es dem Leser zwar manchmal so vorkommen, als ob die Zeitungen über alles offen berichten würden. Doch auch in diesen Ländern werden der Freiheit der Berichterstattung Schranken gesetzt: in der Bundesrepublik durch die Gesetze zum Schutz der Jugend und der persönlichen Ehre (vgl. Artikel 5 des Grundgesetzes). Danach müssen die Verleger dafür sorgen, daß Veröffentlichungen, die Jugendlichen schaden könnten, nicht im freien Verkauf erhältlich sind und daß in ihren Zeitungen erscheinende Berichte nicht verleumderisch

sind. Trotz dieser Schranken bietet die BRD eine relativ vielfältige Presselandschaft dar, in der politisch unterschiedliche Veröffentlichungen nebeneinander
bestehen.

EXAMPLE 3.7

Eine Frauenbewegung entsteht, wenn Frauen (und manchmal auch Männer)
sich mit dem Ziel zusammenschließen, die Gleichberechtigung der Frauen zu
erkämpfen. Eine starke und einflußreiche Frauenbewegung entstand Ende der
60er Jahre in den USA und breitete sich bald nach Europa aus. Der Anstoß zu
dieser Bewegung war die Einsicht, daß viele Männer trotz ihrer Bereitschaft zum
Kampf für die Gleichberechtigung unterdrückter Gruppen, wie z.B. der Schwarzen
in den USA, Frauen immer noch nach traditionellen stereotypen Vorstellungen
behandelten. Damals meinten viele Frauen, sie könnten ihre Rechte nur mittels
einer sich ausschließlich auf ihre Bedürfnisse und Forderungen konzentrierenden
Lobby durchsetzen.

Questions

1. How effective are these introductions?
2. Justify your answer and explain what you understood by 'effective' in
this context.
3. What do the writers think are the main issues to be addressed in the
essays?
4. What did you think were the main issues?
5. Do we learn anything of the writers' own views in the introductions?
6. Did you write similar introductions?
7. If not, how did yours differ?

3.1.1 Introduction to a letter in German

The introduction to a letter follows certain conventions, some of which differ
from those you will be familiar with in English.

3.1.1.1 SENDER'S ADDRESS

This is not usually given in full at the top of letters. Instead, only the place
and date are given, usually in the top right-hand corner, e.g.

Hamburg, den 3. Februar 1995

Hamburg, d. 3. Februar 1995

Hamburg, 3.2.95

19

3.1.1.2 OPENING GREETINGS

Your choice of opening greeting will obviously depend on how well you know the person you are writing to. It will be linked to other factors, such as the choice of *Du, Ihr* or *Sie* as the most suitable pronoun of address. If you are *per Du* with your addressee, then the most suitable opening greeting is:

Lieber Klaus or *Liebe Claudia*
Lieber Klaus, liebe Claudia or
Liebe Claudia, liebe Anna or
Lieber Klaus, lieber Hans (if writing to more than one person)

You can also use this greeting to people with whom you are not on *Du* terms, but whom you know reasonably well, e.g. your friends' parents, e.g.

Lieber Herr Schmidt, liebe Frau Schmidt

If you are writing to a stranger, or to someone whom you do not know well, it is considered more polite to use the following:

Sehr geehrte Frau Harder
Sehr geehrter Herr Harder
Sehr geehrte Damen und Herren (when the addressee is unknown, cf. 'Dear Sir or Madam' in English. This greeting is especially common in business correspondence.)

Traditional usage is for these opening greetings to be followed by an exclamation mark, and for the next sentence to start with a capital letter, e.g.

Sehr geehrte Frau Martens!
Ich habe mich über Ihren Brief gefreut.

However, commas are increasingly being used instead of exclamation marks, and in that case the next sentence does not start with a capital letter, e.g.

Sehr geehrte Frau Martens,
ich habe mich über Ihren Brief gefreut.

Some phrases that are often found at the beginning of German personal letters are:

Herzlichen Dank für Deinen (Ihren) Brief.
Ich habe mich sehr über Deinen (Ihren) interessanten/lieben/langen Brief gefreut.
Entschuldige (Entschuldigen Sie), daß ich so lange nichts von mir habe hören lassen.
Es tut mir leid, daß ich so lange nicht geschrieben habe.
Ich hoffe, es geht Dir (Ihnen) und Deiner (Ihrer) Familie gut.

Some phrases that are often found at the beginning of German business letters are:

Ich danke Ihnen für Ihr Schreiben/Ihren Brief vom 31. März.
Ich beziehe mich auf Ihr Schreiben/Ihren Brief/Ihre Anzeige in der Zeitung.
Ich sende Ihnen . . .

Business letters may start quite abruptly by simply stating the reason for writing the letter, e.g.

Sehr geehrte Damen und Herren,
als Teil meines Germanistikstudiums an der University of Wales, Aberystwyth (G.B.), muß ich ein Semester an einer deutschsprachigen Universität verbringen. Ich möchte im nächsten Sommersemester in München studieren. Können Sie mir ein Bewerbungsformular und Informationen über Studentenwohnheime senden?
Mit bestem Dank im voraus.
Mit freundlichem Gruß

Note that all forms of the pronouns *Du* and *Ihr* are capitalised in letters.

3.2 The body

A text has to be COHERENT, i.e. it has to show clear thematic unity. The ideas contained in it should all be relevant to the theme or topic, and their relevance should be clearly demonstrated. There is no point writing down everything you know about a subject if this information is irrelevant or if its relevance to your argument is not made clear to the reader. Examples are provided below of linguistic devices which can be used to emphasise the coherence of a text.

3.2.1 Links between paragraphs

● There has to be clear thematic unity, i.e. each paragraph must be relevant to the theme of the text. This is what makes the text coherent.
● The transition from one paragraph or idea to the next should not sound stilted.
● Paragraphs should be complete in themselves in the sense that they treat one idea which is relevant to the theme, but they should also be an integral part of the whole in that they advance the argument, step by step.
● A report may be required to be so short (especially under examination

conditions) that the body may be written as one paragraph dealing with one main point, e.g.

> *Die Last auf die mittlere Generation wird sich jedes Jahr vergrößern, bis sie im Jahr 2030 ihren Höhenpunkt erreicht. Diese Last besteht darin, daß die mittlere Generation durch ihre Beiträge und Steuern für die Kosten der (Aus-)Bildung für die jüngere und der Altersrenten für die ältere Generation aufkommen muß. Die Last wird sich wegen des wachsenden „Rentnerberges" vergrößern. Die Zahl der jungen Leute bleibt relativ stabil, wahrscheinlich weil die Geburtenrate ziemlich niedrig bleibt. Die Zahl der älteren Menschen andererseits wird sich zwischen 1990 und 2030 verdoppeln, vermutlich als Folge der besseren Lebensbedingungen und höheren Lebenserwartungen heutzutage.*

A number of word and phrases are commonly used in German to introduce paragraphs or new ideas and help to show how different parts of the text are related to each other and, more importantly, to the overall subject of the text:

Drei Gründe sprechen für/gegen dieses Argument/diese These.
Es gibt zwei Hauptgründe dafür/dagegen, daß . . .
Die Gründe für . . . sind wohl in zwei Richtungen zu suchen.
Erstens . . . /Zum einen . . .
Zunächst sei daran erinnert, daß . . .
Zweitens . . . /Der zweite Grund ist . . .
Außerdem . . . /Des weiteren . . . /Ferner . . .
Wichtig ist weiterhin, . . . /Besonders wichtig ist, . . . /Noch wichtiger aber ist, . . .
Zu fragen ist auch, ob . . .
Es muß ferner daran erinnert werden, daß . . .
Bevor diese Themen systematisch behandelt werden, . . .
Schließlich . . .
Eine derart vage/umfassende Definition verlangt nach Spezifizierung in mehrerer Hinsicht.
Dieses letzte Argument muß genauer betrachtet werden.
Einige Beispiele mögen zum besseren Verständnis dieses Arguments/dieser Frage beitragen.

The next assignment is designed to help you to become aware of the way in which good writers organise the sub-sections of their text (the paragraphs) in such a way as to develop an argument step by step and to maintain thematic unity.

In Deutschland sind Frauen nicht wehrpflichtig und dürfen keinen Dienst an der Waffe leisten. Inwiefern könnte das als Verstoß gegen die vom Grundgesetz garantierte Gleichberechtigung von Mann und Frau verstanden werden?

The following paragraphs constitute the text of an essay on the above subject, but they are not in their original order. Reorder them to create a coherent text.

Tips to help you

Look again at the points mentioned in 3.2.1 as characteristic of a coherent text. Your finished text ought to reflect these points.

Which paragraph seems to introduce the issue to be discussed in the body of the essay?

Is this a pro-and-contra essay? If so, one would expect the concluding paragraph to sum up and to come down in favour of one side (or to point out how difficult it is to come to a decision). On the basis of that criterion, can you find the concluding paragraph?

Since the introductory paragraph touches on the major issues to be discussed, and the concluding paragraph sums up both sides of the question, they should give you some idea of the way in which the argument is developed throughout the text. This will help you to work out the different steps of the argument.

Which paragraphs contain the 'pro' arguments and which contain the 'contra' arguments? What sort of pattern do we have (A1, B1; A2, B2 or A1, A2; B1, B2)? In order to work this out, look at the way in which paragraphs are linked, not only thematically but also linguistically.

1. Auch viele Frauen wären eigentlich ganz zufrieden, wenn man ihnen auf diesem Gebiet nicht die gleichen Chancen anbieten würde. Einige überzeugte Pazifistinnen verlangen die Abschaffung jeder Armee, während andere ausschließlich eine freiwillige Beteiligung an der Bundeswehr befürworten. Daher möchten sie keine Erweiterung der Wehrpflicht sehen, sondern die Ausbildung und den Einsatz von freiwilligen Soldaten und Soldatinnen unter den gleichen Bedingungen (vgl. Asche & Huschens 1990, 214f.).

2. Dem ersten Standpunkt steht die Meinung gegenüber, daß man die körperlichen und psychologischen Unterschiede zwischen den Geschlechtern überbetont und der Natur auf Kosten der Sozialisierung zuviel Gewicht beimißt. Frauen verhalten sich anders als Männer aufgrund ihrer Erziehung, nicht weil die Natur es so diktiert (vgl. Asche & Huschens 1990, 28–44). Die von Frauen erwarteten Eigenschaften sind meistens solche, die die traditionelle Rollenverteilung von Mann und Frau untermauern. Das „schwache" Geschlecht eignet sich aufgrund

vermuteter weiblicher Tugenden wie Sanftmut, Zärtlichkeit oder Nachsicht anscheinend für die Rolle der Mutter, aber nicht für die eines Managers oder eines Generals. Solche stereotypen Rollenbilder zwingen auch Männer, sich nach bestimmten Mustern zu verhalten, ob sie wollen oder nicht.

3. Daß der Ausschluß von Frauen vom Dienst an der Waffe als Diskriminierung aufgefaßt werden kann, stößt bei vielen Menschen auf Unverständnis. Sie meinen, die Gleichberechtigung sei nicht unbedingt mit Chancengleichheit gleichzusetzen. Es wird argumentiert, daß Männer und Frauen von Natur aus anders seien und daß sie deswegen nicht dieselben Fähigkeiten besitzen. Folglich sollte jedes Geschlecht sich auf den Bereich konzentrieren, für den es aufgrund seines Wesens geeignet ist. Die Verfechter solcher Meinungen betrachten die Kriegsführung als eine Kunst, die sowohl große physische Kraft wie auch die Fähigkeit, nüchtern und sachlich zu bleiben, erfordert – Eigenschaften, die Frauen nicht zugeschrieben werden.

4. Wenn man – wie ich – den Standpunkt vertritt, daß die Unterschiede zwischen den Geschlechtern (wenn es sie überhaupt in dem behaupteten Maße gibt!) bei der modernen Kriegsführung keine solche große Rolle mehr spielen, wird man zu dem Schluß gezwungen, daß nichts gegen den Einsatz von Frauen spricht. Ob man die Wehrpflicht auf Frauen ausdehnen möchte, hängt von der Einstellung zur Wehrpflicht ab, aber das Prinzip der Zulassung von Frauen zum Dienst an der Waffe steht nicht mehr zur Debatte.

5. Die Ironie liegt darin, daß moderne Kriege nicht mehr die Fähigkeiten erfordern, die traditionellerweise Männern zugeschrieben werden. Die moderne Kriegstechnologie kann ohne große Kraftanstrengung bedient werden. Außerdem haben Erhebungen die größere Ausdauer und Leidensfähigkeit von Frauen nachgewiesen (vgl. Stephan 1986). Aber trotzdem unterliegen sie nicht der Wehrpflicht. Nun stellt sich die Frage, ob eine solche Regelung nicht auch junge Männer im wehrpflichtigen Alter diskriminiert.

6. Laut Artikel 3 der Verfassung der Bundesrepublik darf niemand aufgrund seines Geschlechts benachteiligt werden. Was die Arbeit angeht, sollen deutsche Arbeitgeber Stellen weder nur für Männer noch nur für Frauen ausschreiben (vgl. Bürgerliches Gesetzbuch §611b). Trotzdem ist es Frauen nicht immer erlaubt, unter denselben Bedingungen wie ihre männlichen Kollegen zu arbeiten, bei der Armee zum Beispiel. Deutsche Frauen sind nicht wehrpflichtig und werden nicht zum Dienst an der Waffe zugelassen (vgl. Artikel 12a des Grundgesetzes). Andere Länder behandeln ihre Bürgerinnen anders: in Israel zum Beispiel unterliegen Männer und Frauen der Wehrpflicht, und in den USA dienen freiwillige Soldaten und Soldatinnen unter vergleichbaren Bedingungen. Bedeutet das denn, daß deutsche Frauen auf diesem Gebiet im Vergleich zu ihren männlichen Mitbürgern unzulässigerweise diskriminiert werden?

7. Daß Frauen trotz ihrer bewiesenen Fähigkeiten nicht wehrpflichtig sind und nicht einmal freiwillig Dienst an der Waffe leisten dürfen, unterstreicht die verbreitete Auffassung von der Frau als schutzbedürftig, bzw. von der Frau als

dem „schwächeren" Geschlecht. Das Weiterbestehen eines solchen Stereotyps verlangsamt das Erreichen des Ziels der Chancengleichheit auf jedem Gebiet.

The order of the original text can be seen on page 84.

The order of the original text can be seen on page 84.

Do the same with the following paragraphs (original order on page 84):

Die Pressefreiheit – Illusion oder Eckstein der Demokratie?
1. Ohne ein bestimmtes Maß an Meinungsfreiheit würde der Presse die wirkungsvolle Ausübung dieser Funktionen schwerfallen. Dennoch halten die deutsche und die britische Regierung es für sinnvoll, der völligen Freiheit der Berichterstattung Schranken zu setzen. Diese Schranken werden durch die allgemeinen Gesetze und die Bestimmungen zum Schutz der Jugend und der persönlichen Ehre gesetzt. Außerdem hat jedes Bundesland sein eigenes Pressegesetz, in dem die Rechte aber auch die Pflichten der Presse festgelegt werden. Diese Gesetze erkennen an, daß die völlige Meinungsfreiheit Schatten-seiten hat.
2. Welche Rolle spielt denn die Presse in einer von solchen Eigenschaften geprägten Gesellschaft wie die deutsche? Es wird generell von drei Haupt-funktionen der Presse ausgegangen (vgl. Wallraff 1990, 134–6). Sie soll die Bürger informieren und ihnen bei der Meinungsbildung behilflich sein. Außerdem kommt ihr eine Kontrollfunktion zu, d.h., sie soll aufpassen, daß die Politiker ihre Macht nicht mißbrauchen.
3. Die Koexistenz von verschiedenen Meinungen ist eines der Charakteristika einer Demokratie, wohingegen in Diktaturen der Bevölkerung eine einzige offizielle Meinung aufgedrängt wird. Demokratien sind auch durch die Beteiligung der Bevölkerung an der Regierung charakterisiert. In der BRD nimmt das Volk dadurch an der Regierung teil, daß es alle vier Jahre Vertreter ins Parlament wählt. Die Demokratie existiert aber nicht nur auf politischer Ebene. Das Mitbestimmungsrecht der Arbeiter in einem Betrieb ist zum Beispiel auch eine Form der Demokratie, da die Belegschaft dadurch am Entscheidungsprozeß beteiligt ist. Ein drittes Charakteristikum einer Demokratie ist die Gleichheit der den Bürgern garantierten Chancen und Rechte.
4. Aus dem Vorhergehenden sieht man, daß eine freie Presse mindestens drei wichtige Rollen in einer Demokratie hat: sie informiert die Bürger; sie hilft ihnen, sich eine Meinung zu verschiedenen Angelegenheiten zu bilden; und sie kontrolliert die Regierung und das Establishment. Ohne eine freie Presse wäre es viel einfacher für die Regierung, ihre Bürger durch einseitige Berichterstat-tung zu beeinflussen und sich jeder öffentlichen Debatte über ihre Politik zu entziehen. Andererseits hat die völlige Pressefreiheit auch ihre Schattenseiten. Deshalb wird die Freiheit der Berichterstattung durch verschiedene Vorschriften eingeschränkt. Ohne diese Einschränkungen wären die Bürger den Gefahren der Verleumdung und des Eingriffs in die Privatsphäre wehrlos ausgesetzt. Die

Pressefreiheit ist zwar ein wichtiger Eckstein der Demokratie, aber meines Erachtens ist die uneingeschränkte Pressefreiheit eine Illusion, die sich nicht mit den Zielen einer Demokratie vereinbaren läßt.

5. Prüfstein für den Reifegrad einer Demokratie ist immer die Pressefreiheit. Länder ohne Pressefreiheit, in denen Zeitungen und Zeitschriften einer offiziellen Zensur unterliegen, fallen durch die Einheitlichkeit ihrer Berichterstattung auf. In Ländern andererseits, deren Verfassungen die Pressefreiheit gewährleisten, wie z.B. in der BRD oder den USA, kann es dem Leser zwar manchmal so vorkommen, als ob die Zeitungen über alles offen berichten würden. Doch auch in diesen Ländern werden der Freiheit der Berichterstattung Schranken gesetzt: in der Bundesrepublik durch die Gesetze zum Schutz der Jugend und der persönlichen Ehre (vgl. Artikel 5 des Grundgesetzes). Danach müssen die Verleger dafür sorgen, daß Veröffentlichungen, die Jugendlichen schaden könnten, nicht im freien Verkauf erhältlich sind und daß in ihren Zeitungen erscheinende Berichte nicht verleumderisch sind. Trotz dieser Schranken bietet die BRD eine relativ vielfältige Presselandschaft dar, in der politisch unterschiedliche Veröffentlichungen nebeneinander bestehen.

6. Die Presse und die Medien im allgemeinen spielen auch eine Rolle bei dem Prozeß der Meinungsbildung. Das heißt, unsere Meinungen zu verschiedenen Fragen basieren zum großen Teil auf durch die Medien vermittelten Informationen. Diese Informationen werden oft von Kommentaren begleitet, die unsere Meinungen beeinflussen können.

7. Es liegt auf der Hand, daß die Bevölkerung nur dann an einem Entscheidungsprozeß (wie z.B. an einer Bundestagswahl) richtig beteiligt sein kann, wenn sie im Besitz aller nötigen Informationen ist. Die Wähler müssen über die Politik der verschiedenen Parteien unterrichtet sein und müssen in der Lage sein zu beurteilen, ob oder inwiefern die Behauptungen der konkurrierenden Politiker stimmen. Sonst können sie keine sachlich begründeten Entscheidungen treffen. Deshalb ist die Informationsrolle wichtig.

8. Durch die Kontrollfunktion versucht die Presse, die Regierung im positiven Sinne zu beeinflussen. Die Presse nutzt ihre Freiheit, um Fragen zu stellen und Kritik an der Regierung zu üben. In jedem Land mit Pressefreiheit muß die Regierung damit rechnen, daß sie nichts verheimlichen kann. Sie muß darauf gefaßt sein, daß die Presse ihre Politik nicht automatisch gutheißt und unterstützt. Wenn die Presse diese Rolle gewissenhaft erfüllt, sollte sie die ganze Gesellschaft kontrollieren, nicht nur die Regierung.

9. In den meisten demokratischen Ländern ist die Presse ein Teil der Geschäftswelt und muß Profit abwerfen um weiterzubestehen. Viele Zeitungen und Zeitschriften bringen deshalb sensationelle Berichte mit dem einzigen Zweck, die Auflage zu erhöhen. In solchen Fällen wird die Pressefreiheit oft mißbraucht, um der Leserschaft Irrelevantes über das Privatleben der Menschen (meistens, aber nicht immer Prominenter) mitzuteilen. Der Roman „Die verlorene Ehre der Katharina Blum" von Heinrich Böll und das Sachbuch „Der Aufmacher" von

Günter Wallraff stellen die oft unlauteren Methoden dar, die bei der Beschaffung von Informationen angewandt werden. Um die Bürger vor ungerechtfertigten Eingriffen in die Privatsphäre zu schützen, müssen die Pressegesetze streng gehandhabt werden.

10. Allerdings läßt es sich nicht immer leicht entscheiden, ob Berichte über das Privatleben der Menschen, z.B. von Politikern oder der englischen Königsfamilie, den Interessen der Öffentlichkeit oder der bloßen Unterhaltung dienen. Meines Erachtens ist es schon relevant, daß ein/e Politiker/in der Steuerhinterziehung schuldig ist. Daß er/sie schwul ist, finde ich hingegen völlig irrelevant. Wenn die Presse zu oft über das Privatleben von Menschen im öffentlichen Leben berichtet, besteht die Gefahr, daß die Politiker strengere Gesetze zur Beschneidung der Pressefreiheit erlassen. Dies könnte durch eine bessere Selbstkontrolle der Presse vermieden werden.

3.2.2 Structure within paragraphs

● In an essay, one idea per paragraph is a good rule.

● A useful device to help the reader and to facilitate comprehension is a sentence at the beginning of the paragraph which sums up what the rest of the paragraph will be dealing with. This general statement (known as a topic sentence and underlined in the examples which follow) is then expanded upon and explained during the course of the paragraph.

EXAMPLE 3.8

<u>Trotz dieser fast alle der modernen Frauenbewegung zu verdankenden Fortschritte bleibt die Verwirklichung der vollen Gleichberechtigung der Geschlechter noch aus.</u> Heutzutage ist es aus verschiedenen Gründen immer noch relativ schwer für eine Frau mit Kindern, einer geregelten Arbeit nachzugehen. In der alten Bundesrepublik hat es nie genügend Kindergartenplätze gegeben, und jetzt werden die Gelder dafür im Osten wie im Westen als Sparmaßnahme gekürzt. Die Halbtagsschule trägt auch nicht zur Lösung des Problems bei.

EXAMPLE 3.9

<u>Die sich allmählich ändernde Lage der Frau im öffentlichen Bereich hat sich in gewissem Maße auf den privaten Bereich ausgewirkt.</u> Hausarbeit und Kinderbetreuung werden nicht mehr als die ausschließliche Verantwortung der Frau angesehen, vor allem nicht von den sogenannten „neuen Männern". Trotzdem sind es immer noch die Frauen, die den Löwenanteil der Hausarbeit machen – ein „Hausmann" ist eine exotische Seltenheit. Von einer gerechten Arbeitsteilung

kann in den meisten Haushalten keine Rede sein. Auch in der ehemaligen DDR, wo über 90% der Frauen berufstätig waren, haben die Männer kaum etwas zur Führung des Haushaltes beigetragen.

EXAMPLE 3.10

Daß der Ausschluß von Frauen vom Dienst an der Waffe als Diskriminierung aufgefaßt werden kann, stößt bei vielen Menschen auf Unverständnis. Sie meinen, die Gleichberechtigung sei nicht unbedingt mit Chancengleichheit gleichzusetzen. Es wird argumentiert, daß Männer und Frauen von Natur aus anders seien und daß sie deswegen nicht dieselben Fähigkeiten besitzen. Folglich sollte jedes Geschlecht sich auf den Bereich konzentrieren, für den es aufgrund seines Wesens geeignet ist. Die Verfechter solcher Meinungen betrachten die Kriegsführung als eine Kunst, die sowohl große physische Kraft wie auch die Fähigkeit, nüchtern und sachlich zu bleiben, erfordert – Eigenschaften, die Frauen nicht zugeschrieben werden. Dem ersten Standpunkt steht die Meinung gegenüber, daß man die körperlichen und psychologischen Unterschiede zwischen den Geschlechtern überbetont und der Natur auf Kosten der Sozialisierung zuviel Gewicht beimißt. Frauen verhalten sich anders als Männer aufgrund ihrer Erziehung, nicht weil die Natur es so diktiert (vgl. Asche & Huschens 1990, 28–44). Die von Frauen erwarteten Eigenschaften sind meistens solche, die die traditionelle Rollenverteilung von Mann und Frau untermauern. Das „schwache" Geschlecht eignet sich aufgrund vermuteter weiblicher Tugenden wie Sanftmut, Zärtlichkeit oder Nachsicht anscheinend für die Rolle der Mutter, aber nicht für die eines Managers oder eines Generals. Solche stereotypen Rollenbilder zwingen auch Männer, sich nach bestimmten Mustern zu verhalten, ob sie wollen oder nicht.

EXAMPLE 3.11

Es liegt auf der Hand, daß die Bevölkerung nur dann an einem Entscheidungsprozeß (wie z.B. an einer Bundestagswahl) richtig beteiligt sein kann, wenn sie im Besitz aller nötigen Informationen ist. Die Wähler müssen über die Politik der verschiedenen Parteien unterrichtet sein und müssen in der Lage sein zu beurteilen, ob oder inwiefern die Behauptungen der konkurrierenden Politiker stimmen. Sonst können sie keine sachlich begründeten Entscheidungen treffen. Deshalb ist die Informationsrolle wichtig.

EXAMPLE 3.12

Die Presse und die Medien im allgemeinen spielen auch eine Rolle bei dem Prozeß der Meinungsbildung. Das heißt, unsere Meinungen zu verschiedenen Fragen basieren zum großen Teil auf durch die Medien vermittelten Informationen. Diese Informationen werden oft von Kommentaren begleitet, die unsere Meinungen beeinflussen können.

Look closely at the last three examples (3.10, 3.11 and 3.12), then answer the following questions. Comments can be found on page 84.

1. Does each example deal only with the idea expressed in its first sentence?

2. In each case, is the first sentence a good example of a topic sentence?

3. How is the idea expressed in it developed?

4. Is it easy to follow the different steps of the argument, i.e. is it clear and well-illustrated?

5. In each example are all the ideas related closely enough to the main idea to justify their being discussed in the same paragraph?

6. Would some ideas gain more prominence by being treated in a separate paragraph?

7. Would you divide Examples 3.10, 3.11 and 3.12 into shorter paragraphs? If so, where?

3.3 The conclusion

● Do not introduce new material.

● In an essay, sum up without repeating each individual point, but give enough information so that anyone who only reads the introduction and the conclusion will have some idea of the lines along which the argument proceeds. The conclusion should remind readers who have read the whole of the essay of the main points.

● If the essay follows the pro-and-contra structure, try to come out in favour of one viewpoint. If you find it impossible to do so, then make sure you point out what the difficulties are; otherwise it will look as if you are sitting on the fence.

● Do not make claims that are not true, e.g. do not write 'We have seen that X is the case . . .' unless you really have shown that X is the case; and do not write 'It is clear that X is the case . . .' if all the evidence you have produced tends to show that Y or Z, but not X, is the case.

● If relevant, look ahead to possible future developments in the field that you have been writing about.

● In a report, one or two sentences that sum up the objective facts and indicate your personal interpretation or evaluation (i.e. a comment) is an effective way of concluding.

As with introductions, the best way of learning how to write conclusions is to look at examples.

EXAMPLE 3.13

„Eine Frauenbewegung ist nicht mehr nötig." Nehmen Sie zu dieser Behauptung Stellung.

Daraus wird klar, daß es nicht genügt, die öffentliche berufliche Situation von Frauen durch Gesetze und Verordnungen zu verbessern: die totale Gleichberechtigung kann erst dann erreicht werden, wenn sich die Einstellungen sowohl von Männern als auch von Frauen ändern und sie sich von den ihr Verhalten bestimmenden konventionellen Rollenbildern befreien. Meines Erachtens sind wir weit davon entfernt, eine Frauenbewegung für überflüssig erklären zu können.

Here the author draws attention once more to what he or she sees as the most important point: the attitudes of men and women have to change before we can achieve complete equality of the sexes. For the author, the fact that these have not changed (as has been shown in the essay), justifies reaching the conclusion that a women's movement is still necessary.

EXAMPLE 3.14

Die Pressefreiheit – Illusion oder Eckstein der Demokratie?

Aus dem Vorhergehenden sieht man, daß eine freie Presse mindestens drei wichtige Rollen in einer Demokratie hat: sie informiert die Bürger; sie hilft ihnen, sich eine Meinung zu verschiedenen Angelegenheiten zu bilden; und sie kontrolliert die Regierung und das Establishment. Ohne eine freie Presse wäre es viel einfacher für die Regierung, ihre Bürger durch einseitige Berichterstattung zu beeinflussen und sich jeder öffentlichen Debatte über ihre Politik zu entziehen. Andererseits hat die völlige Pressefreiheit auch ihre Schattenseiten. Deshalb wird die Freiheit der Berichterstattung durch verschiedene Vorschriften eingeschränkt. Ohne diese Einschränkungen wären die Bürger den Gefahren der Verleumdung und des Eingriffs in die Privatsphäre wehrlos ausgesetzt. Die Pressefreiheit ist zwar ein wichtiger Eckstein der Demokratie, aber meines Erachtens ist die uneingeschränkte Pressefreiheit eine Illusion, die sich nicht mit den Zielen einer Demokratie vereinbaren läßt.

Here the author sums up the most important points that have led her or him to a particular viewpoint.

EXAMPLE 3.15 (see Figure 2.1 on page 8)

Schreiben Sie einen Kommentar zu der folgenden Darstellung. Erklären Sie die Statistik und ziehen Sie Schlüsse daraus.

Diese Daten zeigen eindeutig die finanziellen Probleme, die vor allem wegen der Zunahme von Rentnern auf die Beitragszahler, d.h. die mittlere Generation, zukommen. Wenn die Regierung nicht eingreift und mehr Geld aus anderen Quellen bereitstellt, wird ihr Lebensstandard bestimmt sinken.

In this conclusion the first statement summarises the main facts of the report, whilst the second comments on these facts.

ASSIGNMENT II

On pages 79–80 you will see suggested plans of points to be covered in two essays: **(1)** „*Der Sonntag sollte nicht zu einem normalen Wochentag werden.*" *Nehmen Sie zu dieser Behauptung Stellung* and **(3)** *Verbot oder Legalisierung – wie löst man das Problem des Drogenmißbrauchs?* On the basis of these plans, write conclusions to the essays.

On page 80 is a suggested plan for a report. On the basis of the plan, write a conclusion to the report.

1. Write a brief commentary in English on each of your conclusions, like the ones in examples 3.13–3.15 above.
2. Now read the conclusions on pages 85–6 and, again, write a brief commentary on each one.
3. Do these conclusions differ from yours?
4. How do they differ?
5. Would you make any changes to your conclusions in the light of these other suggestions?
6. If not, why not?
7. If yes, what changes would you make?

3.3.1 Conclusion to a letter

If you are on *Du*-terms with your addressee, then you can choose one of the following ways of closing your letter:

Viele Grüße, Reinhold or
Herzliche Grüße, Ute or
Alles Liebe (von), Rita or
Viele liebe Grüße von Anna or
Viele liebe Grüße, Deine Anna or
Herzlich(st), Dein Peter

More formal ways of closing letters are:

31

Mit freundlichen Grüßen, Ihr Peter Harder.
(The use of *Hochachtungsvoll* is now considered old-fashioned.)

Less formal is:

Mit besten/herzlichen Grüßen, Ihr Karl Löffler.

After you have signed a business letter it is usual to print your name (or type it, if the rest of the letter is typed or word-processed) underneath the signature. You should write your name out as you want it to appear on an envelope, together with the title you use (*Frau, Herr, Dr.*, etc.).

If you are enclosing documents with a business letter (e.g. references), the usual practice is to leave a blank line after your name and then to write, for example:

<u>*2 Anlagen*</u>
Lebenslauf
Zeugniskopie

Some common closing phrases for private letters are:

Laß' bald von Dir hören!
Melde Dich bald!
Grüß' bitte Deine Eltern/den Max/die Ingrid von mir.
Bitte richten Sie Ihren Eltern/Max/Ingrid einen Gruß aus.

In business letters you might write:

Ich danke Ihnen im voraus für Ihre Bemühungen.
Für Ihre Mühe danke ich Ihnen schon heute.
Ich freue mich auf eine baldige Antwort.
Ich erwarte Ihre Antwort.

4 Constructing an argument

As was said earlier, one of the main reasons for including essay-writing in the curricula of schools and universities is to develop students' skills in thinking dialectically. This means developing the ability to present arguments for and against a particular proposition and to evaluate the relative merits of those arguments. This chapter will give some tips on how to construct a convincing argument, including information on how to present supporting material taken from secondary sources.

4.1 Claims and counter-claims

The basic components of an argument are claims and counter-claims. Claims may be factual (e.g. *Laut der Verfassung der Bundesrepublik darf niemand aufgrund seines Geschlechts benachteiligt werden*) or they may be value judgements, i.e. statements that reveal the writer's subjective viewpoint regarding the issue he or she is discussing (e.g. *Die Gesetze sollten aber auch berücksichtigen, daß es wenig sinnvoll ist, Drogensüchtige ins Gefängnis zu schicken: sie sollten vielmehr in Entziehungskliniken behandelt werden*). Value judgements have to be based on facts, otherwise they can have no validity. For example, the statement *Eine Einheitswährung für ganz Europa kann nur Vorteile mit sich bringen* is not going to convince anyone, unless they are given a few facts about what a common currency will actually mean in practice. On the basis of those facts, they may or may not draw the same conclusions as you have.

So how do you convince someone that your viewpoint is valid? There are, of course, certain topics on which people will never agree and where interpretations of the facts will always differ, but your task in a reflective essay is to convince the reader that your interpretation is as valid as any other (and perhaps more valid than some). You can achieve this in various ways.

Your arguments must stand up in factual terms, i.e. it should be impossible for the reader to find inaccuracies in the facts presented. This is why thorough preparation is essential. However, essays are not meant to be collections of facts. You are expected to show that you can use the facts to argue a case; therefore your essay needs to contain inferences or conclusions that you have drawn from the facts. There must be a logical link between the claims you make and the evidence on which you base those claims, e.g.

> *Das Fahrrad ist aus folgenden Gründen die sinnvollste Alternative zum Auto: ein Fahrrad kostet weniger; es verursacht weniger Unfälle; es verschmutzt die Umwelt kaum; man braucht nicht so viel Geld für den Straßenbau auszugeben.*

The claims you make will have no validity unless they are backed up by evidence. General statements have to stand up to scrutiny, i.e. they need to be based on convincing evidence. Evidence means facts which the reader can use as a basis on which to establish for her- or himself whether your claims are true or not. For instance, if you claim that women in the former GDR have been affected worse than men by unification, make sure that the facts regarding female unemployment, average wages, availability of childcare, etc. are also presented in your essay.

You can also make your argument more effective by trying to take the sting out of the opposition's arguments or to show that their conclusions are less convincing than yours. One way of doing this is to cast doubt on the validity of their conclusions, e.g.

> *Daß Atomkraftwerke für „sauber" gehalten werden, ist kaum zu glauben, wenn man weiß, wie gefährlich die von ihnen freigelassene Radioaktivität für Menschen und die Natur ist. Der Schmutz ist zwar unsichtbar, aber dafür um so gefährlicher. Nur wenn man die Augen vor der Wirklichkeit verschließt, kann man diese Betriebe als „sauber" bezeichnen.*

Another way of undermining the opposition's arguments is to query the validity of their examples, e.g.

> *Auf den ersten Blick sieht es aus, als würden die Angriffe auf Ausländer die Behauptung von Günter Grass rechtfertigen, Deutschland sei wieder in die Barbarei zurückgefallen. Aber sind die Menschen, die diese furchtbaren Angriffe ausgeübt haben, wirklich typisch für alle Deutschen?*

The claims presented as evidence in the above examples are in some cases relatively self-evident, and their factual nature will not be questioned. For example, no one will seriously dispute that buying a bicycle is cheaper than buying a car or that a bicycle causes less pollution than a car. However, some of the claims are not as self-evident and may be questioned by the reader. In that case, they have to be backed up by reference to the source of the information. For example, the claim that bicycles cause fewer accidents than cars may not be self-evident to a car-driver who is convinced (perhaps on the basis of her or his experience) that all cyclists drive dangerously and without due consideration for other road-users. However, even such a driver cannot dispute statistics which show that bicycles are involved in far fewer accidents. For that reason, your claim will be more convincing if you provide the statistics which back it up (including the source so that the reader can look up the figures for her or himself).

Form groups and discuss the following claims (in **bold**) and the evidence on which they are based. In your opinion, how valid are these claims? Would you be convinced by them? Do you think the statements presented as supporting evidence really are 'evidence'? Comments on these claims can be found on page 86.

1. Alle Deutschen, die ich kenne, sind unhöflich. **Daraus läßt sich folgern, daß Unhöflichkeit eine typisch deutsche Eigenschaft ist.**

2. Die Angriffe auf Ausländer in Rostock und Hoyerswerda waren barbarisch und erinnerten an Nazi-Verbrechen. **Sie zeigen, daß die Deutschen nichts aus ihrer Geschichte gelernt haben.**

3. (*from an essay on violence on television*) **Entscheidend ist nicht das Bild, sondern wie der Zuschauer damit umgeht.** Ein Sechsjähriger erlebt denselben Film anders als ein Zwölfjähriger; ein emotional stabiler Mensch hat mehr Distanz zu dem Medium als ein verunsicherter, enttäuschter, aggressiver Mensch; jemand, der viel fernsieht, reagiert anders als einer, der wenig sieht.

4. In Kiel regiert eine Ministerpräsidentin, dem Bundesverfassungsgericht in Karlsruhe sitzt eine Präsidentin vor. In Bonn gibt es eine 29jährige Frauenministerin mit Kleinkind, das der Ehemann zu Haus in Thüringen aufzieht. Hamburg hat seit 1992 eine Bischöfin, 1300 Frauenbeauftragte in den Kommunen oder Kreisverwaltungen sorgen für Gleichberechtigung landauf, landab. Die Präsenz vornehmlich blonder TV-Damen wie Sabine Christiansen auf dem Bildschirm der öffentlichen und privaten Fernsehanstalten ist schon Gewohnheit. **Deutschland, das Land der Frauen?** („Der Spiegel" 43, 1995, 22)

5. **Der Gebrauch von Fremdwörtern kann der Demokratie schaden,** weil eine durch Fremdwörter überladene Sprache eine Kluft zwischen den gebildeten Schichten und der breiten Masse verursacht.

6. Ammon (1975) und Hasselberg (1972) zeigen, daß Dialektsprecher in Schwaben und Hessen niedrigere Noten im Fach Deutsch bekommen als hochdeutschsprechende Schüler. Auch gehen weniger Dialektsprecher als Hochdeutschsprecher auf ein Gymnasium und anschließend auf eine Universität (vgl. Moser 1972). **Man wird zu dem Schluß gezwungen, daß der Gebrauch eines Dialekts nur Nachteile mit sich bringt.**

7. In der ehemaligen DDR waren 1989 83% der Frauen im arbeitsfähigen Alter berufstätig (Kolinsky 1993, 259). 54% aller Studenten waren Frauen (Belwe 1989, 133). 80% aller Kinder im Alter bis zu drei Jahren wurden in einer Kinderkrippe betreut und 90% aller Kinder im Alter zwischen 3 und 7 gingen

35

in einen Kindergarten („DDR 86: Tatsachen und Zahlen", 38, 41). Jede Frau hatte das Recht auf 26 Wochen Mutterschaftsurlaub mit vollem Gehalt, und Frauen mit mehr als einem Kind und alleinstehende Mütter durften ein bezahltes Baby-Jahr zu Hause verbringen (Kolinksy 1993, 264). Die Entscheidung über eine Abtreibung lag einzig bei der schwangeren Frau (Musall 1990, 164). **Angesichts dieser Tatsachen hatte Erich Honecker wohl recht, als er 1971 verkündete, die Gleichberechtigung sei verwirklicht.**

8. **Die deutsche Sprache ist in ihrem Bestand weder durch sogenannte Jugendsprachen noch durch die Einbürgerung vieler englischer Wörter in Umgangs- und Fachsprache gefährdet.** [. . .] Prof.[essor] Gerhard Stickel [Direktor des Instituts für deutsche Sprache] erklärte, in der Bevölkerung verbreitete Sorgen über einen „Sprachverfall" seien unbegründet. Jugendsprache und Fremdwörter seien normale Veränderungen, die es immer, auch in anderen Ländern, gegeben habe. („Nordbayerischer Kurier", 21.3.1986)

9. **Die Bundesrepublik kann aus verschiedenen Gründen nicht auf Kernenergie verzichten.** Erstens sind die Kosten der Kernenergie niedriger als die von alternativen Energiequellen. Zweitens sind Kernkraftwerke sauberer als Kohle- und Ölkraftwerke, weil sie keine Schwefeloxide freilassen. Drittens ist die Versorgung gesichert, weil wir von den erdölexportierenden Ländern unabhängig sind.

ASSIGNMENT 13

Read the following essay and try to analyse it in terms of the argument strategies we have discussed above. Use the questions as guidelines. This exercise is suitable for group work.

1. Try to list the claims being made by the author and the counterclaims he or she is attacking.

2. Find any general statements and try to establish whether they are based on convincing evidence.

3. Are there factual claims that can be checked? Are these claims irrefutable or can you find inaccuracies?

4. List the value judgments made by the author and indicate whether you find them convincing or not. Why/why not?

5. Are there any examples of attempts to invalidate the opposition's arguments? Do you think they work?

„Eine Frauenbewegung ist nicht mehr nötig." Nehmen Sie zu dieser Behauptung Stellung.

Eine Frauenbewegung entsteht, wenn Frauen (und manchmal auch Männer) sich mit dem Ziel zusammenschließen, die Gleichberechtigung der Frauen zu erkämpfen. Eine starke und einflußreiche Frauenbewegung entstand Ende der 60er Jahre in den USA und breitete sich bald nach Europa aus. Der Anstoß zu dieser Bewegung war die Einsicht, daß viele Männer trotz ihrer Bereitschaft zum

Kampf für die Gleichberechtigung unterdrückter Gruppen, wie z.B. der Schwarzen in den USA, Frauen immer noch nach traditionellen stereotypen Vorstellungen behandelten. Damals meinten viele Frauen, sie könnten ihre Rechte nur mittels einer sich ausschließlich auf ihre Bedürfnisse und Forderungen konzentrierenden Lobby durchsetzen.

Diese Forderungen betrafen sowohl den öffentlichen wie auch den privaten Bereich. Viele Frauen waren der Meinung, die Frau könne nur nach Erreichung der finanziellen Unabhängigkeit richtig gleichberechtigt sein. Deshalb wollten sie es Frauen erleichtern, einen Beruf auszuüben, auch wenn sie eine Familie hatten. Während der Nazi-Zeit wurden Frauen in die private Sphäre des Haushalts verbannt, und erst 1977 wurde ein Gesetz abgeschafft, das Frauen die Erwerbstätigkeit nur dann erlaubte, wenn das mit ihren Pflichten in Ehe und Familie zu vereinen sei (Filser 1988, 71–3). Inzwischen hat sich einiges geändert. Heute geht ungefähr die Hälfte der deutschen Frauen regelmäßig arbeiten (Zapf 1989, 108). Dies wird dadurch ermöglicht, daß ungefähr 65% deutscher Kinder im Alter zwischen 3 und 7 einen Platz in einem staatlichen Kindergarten bekommen (Musall 1991, 71). In der ehemaligen DDR aber ging es berufstätigen Frauen noch besser. Vor der Wiedervereinigung hatte jeder Bürger und jede Bürgerin der DDR ein von der Verfassung garantiertes Recht auf Arbeit. Damit die Bürgerinnen dieses Recht beanspruchen konnten, machte sich der Staat für die Versorgung der Kinder verantwortlich und finanzierte genügend Kinderkrippen und Kindergärten. Folglich waren fast alle Bürgerinnen der DDR in das Berufsleben eingegliedert, auch wenn sie Kinder hatten (vgl. Bergmann-Pohl 1994, 8f.; Kolinsky 1993, Kapitel 7).

Um solche Fortschritte zu bewahren und zu stärken und um das Ziel der totalen Gleichberechtigung von Frauen zu erreichen, haben mehrere Länder- und Stadtparlamente Frauenbeauftragte angestellt. Diese sollen für die Förderung der Gleichberechtigung in Beruf und Gesellschaft und für die Aufdeckung von Benachteiligungen sorgen. Unter anderem beraten sie Frauen hinsichtlich ihrer Rechte, z.B. in Fällen von sexueller Belästigung am Arbeitsplatz, und überprüfen Gesetze und Verordnungen daraufhin, ob sie den Interessen von beiden Geschlechtern dienen (vgl. „Aktuell 89", 119).

Als Beitrag zur Förderung der Gleichberechtigung haben einige Länderregierungen auch Frauenquoten für Stellen im öffentlichen Dienst eingeführt. Bei gleichen Qualifikationen sollen Frauen in einigen Berufen bevorzugt eingestellt werden, bis ihr Anteil dem der Männer entspricht. Die Grünen haben schon immer eine Frauenquote gehabt: Frauen sollen 50% aller Funktionen und Mandate in der Partei besetzen. Vor ein paar Jahren zog die SPD nach und stimmte für die Quotenregelung (Kolinsky 1993, Kapitel 6).

Trotz dieser fast alle der modernen Frauenbewegung zu verdankenden Fortschritte bleibt die Verwirklichung der vollen Gleichberechtigung der Geschlechter noch aus. Heutzutage ist es aus verschiedenen Gründen immer noch relativ schwer für eine Frau, einer regelmäßigen Arbeit nachzugehen, wenn sie Kinder hat. In der alten Bundesrepublik hat es nie genügend Kindergartenplätze gegeben, und jetzt werden die Gelder dafür im Osten wie im Westen als Sparmaßnahme der Regierung gekürzt (Bergmann-Pohl 1994, 9). Die Halbtagsschule trägt auch nicht zur Lösung des Problems bei.

Solche Probleme erklären vielleicht, warum es Frauen immer noch schwerer fällt als ihren männlichen Kollegen, Karriere zu machen. Frauen bleiben oft auf den unteren oder mittleren Sprossen der Karriereleiter hängen: in den Vorständen von bundesdeutschen Betrieben z.B. kommt nur eine Frau auf hundert Männer („Der Spiegel" 45, 1988, 88). Außerdem fällt es ihnen immer noch sehr schwer, in traditionelle Männerberufe vorzudringen. Laut eines Berichts im „Spiegel" wurden männliche Bewerber um einen Ausbildungsplatz als Rechtspfleger in Schleswig-Holstein auch dann bevorzugt, wenn sie niedrigere Abiturnoten hatten als die Bewerberinnen („Der Spiegel" 35, 1986). Die Einführung von Quoten wird die Berufschancen von Frauen verbessern, doch wird sich die Situation nicht von heute auf morgen ändern.

Die sich allmählich ändernde Lage der Frau im öffentlichen Bereich hat sich in gewissem Maße auf den privaten Bereich ausgewirkt. Hausarbeit und Kinderbetreuung werden nicht mehr als die ausschließliche Verantwortung der Frau angesehen, vor allem nicht von den sogenannten „neuen Männern". Trotzdem sind es immer noch die Frauen, die den Löwenanteil der Hausarbeit machen: ein „Hausmann" ist eine exotische Seltenheit („Der Spiegel" 43, 1995, 24). Von einer gerechten Arbeitsteilung kann in den meisten Haushalten keine Rede sein. Auch in der ehemaligen DDR, wo 83% der Frauen berufstätig waren, trugen die Männer kaum etwas zur Führung des Haushaltes bei (Kolinsky 1993, 259, 267).

Daraus wird klar, daß es nicht genügt, die öffentliche berufliche Situation von Frauen durch Gesetze und Verordnungen zu verbessern: die totale Gleichberechtigung kann erst dann erreicht werden, wenn sich die Einstellungen sowohl von Männern als auch von Frauen ändern und sie sich von den ihr Verhalten bestimmenden konventionellen Rollenbildern befreien. Meines Erachtens sind wir weit davon entfernt, eine Frauenbewegung für überflüssig erklären zu können.

The following section will show you how to present and refer to material from secondary sources. The facts you present must be verifiable if they are to carry any weight in your argument.

4.2 Using material from secondary sources

4.2.1 Bibliography

All the secondary literature (e.g. reference works and magazines) from which you have obtained information should be listed alphabetically by author in a bibliography at the end of your work. There are various ways of organising a bibliography, but the following are three typical systems. Whichever system you choose, be consistent.

4.2.1.1 BOOK

(a)

König, W. (1978), „dtv-Atlas zur deutschen Sprache", dtv, München.
Niepold, W. (Hrg.) (1981), „Sprache und soziale Schicht", Verlag Volker Spiess, Berlin. (*Hrg. = Herausgeber*; in English = ed. or eds for editor/s)

(b)

König, W. 1978. „dtv-Atlas zur deutschen Sprache". München: dtv.
Niepold, W. (Hrg.). 1981. „Sprache und soziale Schicht". Berlin: Verlag Volker Spiess.

(c)

W. König: „dtv-Atlas zur deutschen Sprache", München, dtv, 1978.
W. Niepold (Hrg.): „Sprache und soziale Schicht", Berlin, Verlag Volker Spiess, 1981.

4.2.1.2 ARTICLES FROM NEWSPAPERS OR MAGAZINES

(a)

Rulff, D. (1994), „Rote Socken ohne Sparstrumpf", *die tageszeitung* 4405, 31. August, 1.

(b)

Rulff, D. 1994. „Rote Socken ohne Sparstrumpf". In: *die tageszeitung*, Nr. 4405, 31. August, S. 1.

(c)

D. Rulff: „Rote Socken ohne Sparstrumpf", *die tageszeitung*, 31. August 1994, 1.

4.2.1.3 ARTICLES FROM JOURNALS

(a)

Jakob, K. (1992), „Prestige und Stigma deutscher Dialektlandschaften", *Muttersprache* 59, 167–82.

(b)

Jakob, K. 1992. „Prestige und Stigma deutscher Dialektlandschaften". In: *Muttersprache* 59, S. 167–82.

(c)

K. Jakob: „Prestige und Stigma deutscher Dialektlandschaften", *Muttersprache* 59, 1992, 167–82.

4.2.2 References in the text

The source of every quotation must be acknowledged. The sources can be listed (a) as footnotes at the bottom of each page, (b) as endnotes at the end of the work, or (c) in parentheses immediately following the quotation. Since the work appears in the bibliography at the end, you can refer to the source in an abbreviated fashion in the text, e.g.

> *Börne behauptet: „Es gibt Menschen und Schriften, welche Anweisung geben, die lateinische, griechische, französische Sprache in drei Tagen, die Buchhalterei sogar in drei Stunden zu erlernen". (Bock & Dietze 1964, 3)*

This means that the quotation can be found on page 3 of the book by Bock and Dietze that was published in 1964. If you follow system (a) from Section 4.2.1.1, this text will appear as follows in your bibliography:

Bock, H. und Dietze, W. (Hrg.) (1964), „Ludwig Börne: Werke in zwei Bänden", 2. Aufl., Suhrkamp, Frankfurt/Main. (*2. Aufl. = Zweite Auflage*; in English = 2nd ed. for 2nd edition)

The beginning and end of a quotation should be indicated by means of inverted commas („ "). If the text to be quoted itself contains a quotation, the latter is placed in single quotation marks (‚ '). Note that in German quotations are usually introduced with a colon (:) rather than with a comma as in English.

Even if you do not quote directly from particular authors you should acknowledge them if your argument is influenced by them, or if you have obtained factual material from their work, e.g.

Die englische Sprache übt heutzutage einen starken Einfluß auf das Deutsche aus (vgl. König 1978, 119)

In der BRD bekommen Frauen im Durchschnitt niedrigere Renten als Männer (vgl. „Der Spiegel" 24, 1994, 59). (vgl. = vergleiche; in English = cf., compare.)

Quotations from other people's work should be used wisely and appropriately. Do not use quotations simply in order to reach the required number of words for an essay! Quotations can usefully be employed, for example, when you intend to dispute a claim made by another writer. In this case, the reproduction of the other author's exact words will help the reader to judge whether your attack is justified. Another justified use of a quotation is when the original has been formulated in a particularly apposite and/or striking manner, to which you could not do justice in a paraphrase, e.g.

> *Kardinal Meisner ist der Meinung, daß Deutschland zu einer geistigen Wüste geworden ist: „Der Grundwasserspiegel der menschlichen Werte, das heißt auch immer der christlichen Werte, ist so enorm abgesunken, daß die geistige Landschaft unseres Volkes versteppt ist und weithin zur Wüste wurde". (Meisner 1993, 15)*

Make sure that you do not misrepresent the author's viewpoint by using a quotation out of context. You can shorten a quotation if it contains material that is irrelevant to your argument. If you shorten it, you must indicate this by means of three dots in square brackets, e.g.

> *„Obwohl man nicht sagen kann, daß alle ihre Bücher politisch sind [. . .], ist Gudrun Pausewang gewiß die politischste aller in der Bundesrepublik für Kinder und junge Leute schreibenden Autor/innen". (Dahrendorf, M., in Pausewang 1992, 195)*

Omitting the words *man denke zum Beispiel an „Auf einem langen Weg" oder sogar „Die letzten Kinder von Schewenborn"* does not change the meaning of the quotation, but a quotation should not be abbreviated if this could misrepresent the author's views in any way.

The titles of magazines, novels, plays, etc. are usually in quotation marks when they occur in the text. Titles must also be declined, e.g.

Das folgende Zitat kommt aus Buchmanns „Geflügelten Worten" (not „Geflügelte Worte")
Haben Sie „Nathan den Weisen" gelesen? (not „der Weise").

However, if the title is preceded by a noun such as *Roman, Theaterstück* or *Zeitschrift*, it is not declined, e.g.

Ich zitiere aus dem Theaterstück „Nathan der Weise".

When titles are preceded by a definite article, the article is not in inverted commas and is not written with a capital letter, e.g.

In der neuesten Nummer des „Spiegels" liest man, daß . . .

5 Creating cohesion in a text

5.1 What is cohesion?

A text is not a hotchpotch of sentences or items of information that are simply thrown together. We have already (Chapter 3) discussed how to ensure that a text is coherent, i.e. that it shows thematic unity. This thematic unity has to be made explicit by means of **cohesion**, i.e. the use of various linguistic devices to link sections of text (phrases, sentences, paragraphs). This chapter will demonstrate various ways of making a text cohesive. According to John Harris, 'The particular items that effect linkage between sentences are called cohesive ties' (Harris 1993, 126). In this chapter we are going to look at examples of cohesive ties.

ASSIGNMENT 14

Read the following list of sentences and answer the questions that follow:

1. Im Juni 1963 wurde Elisabeth in Hamburg geboren.
2. 1968 wurde Elisabeth in Hamburg eingeschult.
3. 1974 ging Elisabeth in Hamburg aufs Gymnasium.
4. Im Juni 1982 machte Elisabeth das Abitur.
5. Im Oktober 1982 ging Elisabeth nach Marburg auf die Universität.
6. 1985 verbrachte Elisabeth sechs Monate in Schottland.
7. Elisabeth lernte ihren künftigen Mann in Schottland kennen.
8. 1986 verbrachte Elisabeth sechs Monate in Spanien.
9. 1988 bestand Elisabeth die Abschlußprüfung in Anglistik.
10. Im Sommer 1989 bestand Elisabeth die Abschlußprüfung in Romanistik.
11. Im Herbst 1989 nahm Elisabeth eine Lehrerausbildung auf.
12. 1990 wurde Elisabeth als Lehrerin eingestellt.

(a) Are the sentences connected in any way?
(b) If so, how?

You will probably have noted that there is a thematic link between the sentences, i.e. they are all related to someone's life history. However, this thematic link is not made very clear by the grammar and vocabulary – there is a lack of **cohesion**.

A text is cohesive if the sentences, parts of sentences or paragraphs are linked by means of linguistic devices, such as **adverbs**, **articles**, **conjunctions**, lexical patterning or **pronouns**, e.g. *Der Mann stahl das Brot, weil er Hunger hatte.* The conjunction *weil* is used here to show that there is a connection between the two clauses. The use of the articles *der* and *das* imply a link with a preceding sentence, since the definite article is used in German to indicate that a person or object has already been mentioned or is known. The use of the pronoun *er* in the second clause provides another link with the first, since it refers back to *der Mann*.

5.2 Adverbs

In the next example, adverbs are used to indicate the logical links between clauses or sentences (the adverbs are underlined):

Es hat viel geregnet. Deshalb kam er nicht.
Sie war erkältet. Trotzdem ging sie spazieren.

The position of the adverb can vary. It can be placed in initial position (as in the above examples), or after the subject and verb, e.g.

Er kam deshalb nicht. Sie ging trotzdem spazieren.

Note that some adverbs, e.g. *nämlich*, can only be placed within a clause, e.g.

Ich kann nicht singen. Ich habe nämlich kein Gehör für Tonhöhen.

When sentences and paragraphs are not linked in this way, the resulting text, as in Assignment 14 above, often reads as a list of sentences rather than as a cohesive text.

ASSIGNMENT 15

Using one of the adverbs provided, link the two sentences in a meaningful way. There is not necessarily one and only one grammatically correct solution, but try to ensure that the end result expresses an acceptably logical relationship between the sentences, e.g.

Sie waren krank. Sie kamen nicht zur Arbeit.

The following suggestions would be grammatically correct:

Sie waren krank. Trotzdem kamen sie nicht zur Arbeit.
Sie waren krank. Außerdem kamen sie nicht zur Arbeit.

It would, however, be far more logical to choose an adverb that expressed a relationship of cause: They did not go to work, <u>because</u> they were ill:

Sie waren krank. <u>Deshalb/deswegen/folglich</u> kamen sie nicht zur Arbeit.

außerdem, deshalb, deswegen, nämlich, folglich, sonst, trotzdem

1. Ich war verreist. Ich kann von dem Vorfall nichts wissen.
2. Sie verdient nicht viel. Sie ist sehr großzügig.
3. Ich hatte nirgendwo in der Gegend einen Bus gesehen. Ich stellte mich auf die Straße und winkte ein Taxi heran.
4. Du mußt dich beeilen. Du verpaßt den Zug.
5. Das Kind hat die ganze Nacht geweint. Es hatte Zahnweh.
6. Der Wind wehte stark. Es schneite recht heftig.
7. Es leuchtet mir schon ein, daß Atomwaffen als Abschreckung dienen können. Ich finde es unverantwortlich, daß zur Zeit so viel Geld für Waffen ausgegeben wird.
8. Ich kann nicht mitgehen. Ich muß arbeiten.

5.3 Conjunctions

Conjunctions are another important means of showing relationships between clauses in German, e.g.

Er durfte Medizin studieren, <u>obwohl</u> er einen schlechten Durchschnitt hatte.
<u>Entweder</u> du gibst mir das Geld zurück, <u>oder</u> ich rufe die Polizei.

Full lists of German conjunctions and detailed guidelines for their use can be found in any good grammar of German (see, for example, Durrell 1991, Chapter 19). The following assignment gives you the opportunity to practise using a selection of them.

ASSIGNMENT 16

Using the conjunctions in the list below, rewrite each pair of sentences as one meaningful sentence. In some cases, more than one conjunction will be correct.

zwar . . . aber, damit, zumal, sowohl . . . wie/als auch, indem, weil, wohingegen, so daß, dadurch daß, obwohl, außer wenn, ohne daß, während

1. Deine Tante gibt uns bestimmt das Geld. Du bist ihre einzige Verwandte.
2. Sie flüsterte. Die Leute in der nächsten Reihe konnten sie nicht hören.
3. Sein Rücken tat ihm weh. Er konnte kaum aufstehen.
4. Ich kann ihr nicht helfen. Ich liebe sie sehr.

5. Sie vermied einen Unfall. Sie bremste rechtzeitig.
6. Sie und ihr Mann gingen oft im Gebirge wandern. Es regnete.
7. Der Aufsatz ist sehr gut. Ich kann ihm keine Eins geben.
8. Die SPD existiert schon seit Jahren. Die Grünen sind eine relativ neue Partei.
9. Sie haben angeboten, mir zu helfen. Ich mußte sie nicht darum bitten.
10. Kafka sprach Deutsch. Er sprach auch Tschechisch.

5.4 Relative pronouns

Another way of linking clauses is to use relative pronouns and to put information in **relative clauses** rather than in separate sentences. For example, *Wir kamen an die Straße. Er wohnt an dem anderen Ende der Straße* can be rewritten as *Wir kamen an die Straße, an deren anderen Ende er wohnt.*

Study the forms of the relative pronouns listed in the table below before you attempt Assignment 17.

Table 5.1   Relative pronouns

	Masc.	**Fem.**	**Neut.**	**Plural**
Nom.	der	die	das	die
Acc.	den	die	das	die
Dat.	dem	der	dem	denen
Gen.	dessen	deren	dessen	deren

Rewrite the two sentences as one sentence, using the correct form of the relative pronoun, e.g.

Der 31jährige Postangestellte aus Hamburg wurde von der Kugel in den Rücken getroffen. Er saß mit seiner Frau auf dem Sonnendeck des Rundfahrtschiffes

can be rewritten as:

Der 31jährige Postangestellte aus Hamburg, der mit seiner Frau auf dem Sonnendeck des Rundfahrtschiffes saß, wurde von der Kugel in den Rücken getroffen.

1. Eine besondere Attraktion ist das Sport- und Erholungszentrum. Es lädt zu jeder Jahreszeit zum Baden, Eislaufen, Ballspielen und vielen anderen Unterhaltungen ein.
2. Sie schrieb einen Roman. Er war ein großer Erfolg.

45

3. Wir kamen in der Stadt an. Unser Freund wohnt in dieser Stadt.

4. Die Lehrerin schenkte dem Kind ein Buch. Sie kennt die Eltern des Kindes.

5. In Island wurden zwei Menschen bei einer Lawine lebensgefährlich verletzt. Die Lawine verschüttete ihren Bauernhof.

6. Der Mann ist sehr alt. Ich helfe ihm.

7. Frau Meier besucht uns morgen. Ich habe ihre Tochter neulich kennengelernt.

8. Der Besitzer eines Betriebs ist verunglückt. Ist das der Betrieb?

9. Die Bekannten haben heute keine Zeit. Wir wollten uns mit ihnen treffen.

10. Wir besichtigen jetzt ein Haus. Das Alter des Hauses wird auf 350 Jahre geschätzt.

ASSIGNMENT 18

Taking the sentences in Assignment 14 as a starting point, create a text that is, in your opinion, cohesive. When you have done this, look at the suggested version on page 88, then go on to attempt Assignment 19.

ASSIGNMENT 19

Underline all the features of the text on page 88 which seem to you to make it cohesive.

5.5 Introducing counter-arguments

In this section, examples will be given of 'connectors' which are especially suitable for use in texts with a pro-and-contra structure. These are words or phrases used in German to introduce and link arguments and counter-arguments. They often have 'concessive force', i.e. the author uses them in order to concede that the argument which he or she does not favour has some merits before going on to present the counter-argument, which he or she believes to be stronger.

Im Prinzip stimmt diese Behauptung, aber/doch . . .
Ich will keineswegs ausschließen, daß man diesen und anderen Einwänden gegen Atomwaffen mit gewichtigen Argumenten begegnen kann. Worauf es mir jedoch hier ankommt, ist . . .

Zwar wärmen die falschen Pelze nicht wie die Vorbilder, *aber/doch* in Farbe
und Zeichnung sind sie oft nicht zu unterscheiden.
Obwohl die falschen Pelze nicht wie die Vorbilder wärmen, sind sie in Farbe
und Zeichnung oft nicht zu unterscheiden.
Zwar hat die Zahl der ausländischen Schüler ohne Hauptschulabschluß leicht
abgenommen, *aber* der Abstand zu den deutschen Schülern bleibt groß.
Es ist richtig, daß ... Aber wir dürfen dabei nicht vergessen ...
Es geht nicht (allein) darum, ..., sondern es geht darum, ...
Bei dem allen ...
Bei voller Anerkennung der Gewichtigkeit dieses Arguments muß ich trotzdem ...
Auch wenn dieses Argument stimmt, heißt es noch nicht, daß ...
Wenn auch einige nicht dabei waren, so war es doch ein unterhaltsamer Abend.
*Dieser Einwand muß ernst genommen werden. Viele haben jedoch Schwie-
rigkeiten, der Argumentation zu folgen.*
Das mag sein/stimmen. Doch/aber ...
Das mag vielen einleuchten, aber ...
*Dieses Argument mag überzeugend klingen, aber seine Richtigkeit wird
zunehmend bezweifelt.*
Auf den ersten Blick/oberflächlich betrachtet spricht viel für diesen Vorschlag.
*Einerseits hat Deutsch in Osteuropa Russisch zurückgedrängt, andererseits
ist in der englischen Sprache ein stärkerer Konkurrent entstanden.*
Die SPD behauptet ... Die Grünen hingegen behaupten ...

5.6 Lexical patterning

The term 'lexical patterning' refers to the way in which cohesion is produced
by making clear the relationships of meaning between sentences and paragraphs in a text. This is done by referring backwards and forwards to persons,
objects or concepts already mentioned or to be mentioned. The person, object
or concept may be referred to in exactly the same way, by repeating the same
noun, or (as we saw above) by using a pronoun or a noun or noun phrase that
has a similar meaning. The following examples show how cohesion is produced within and between paragraphs.

EXAMPLE 5.1

The following paragraph deals with the role of the press in modern society.
Note how this theme is reflected in the vocabulary chosen. The relevant
words are underlined.

Welche Rolle spielt denn die Presse in einer von solchen Eigenschaften geprägten Gesellschaft wie die deutsche? Es wird generell von drei Hauptfunktionen der Presse ausgegangen. Sie soll die Bürger informieren und ihnen bei der Meinungsbildung behilflich sein. Außerdem kommt ihr eine Kontrollfunktion zu, d.h., sie soll aufpassen, daß die Politiker ihre Macht nicht mißbrauchen.

EXAMPLE 5.2

The following paragraph deals with the issue of quotas for women. Again, note how the theme is reflected in the vocabulary chosen, but note also how the link between paragraphs is made by using the umbrella term *Fortschritte* to refer back to all the points listed up to now.

Als Beitrag zur Förderung der Gleichberechtigung haben einige Länderregierungen auch Frauenquoten für Stellen im öffentlichen Dienst eingeführt. Bei gleichen Qualifikationen sollen Frauen in einigen Berufen bevorzugt eingestellt werden, bis ihr Anteil dem der Männer entspricht. Die Grünen haben schon immer eine Frauenquote gehabt: Frauen sollen 50% aller Funktionen und Mandate in der Partei besetzen. Vor ein paar Jahren zog die SPD nach und stimmte für die Quotenregelung.

Trotz dieser fast alle der modernen Frauenbewegung zu verdankenden Fortschritte bleibt die Verwirklichung der vollen Gleichberechtigung der Geschlechter noch aus.

ASSIGNMENT 20

Read the following paragraphs and answer the questions that follow:

(a) Große Ereignisse werfen ihre Schatten voraus. Berlin, die geteilte Stadt, feiert 1987 ihren 750. Geburtstag. Wohl weniger die Jahreszahl als vielmehr die besondere Situation, in der die deutsche Metropole an der Spree ihr Fest zelebriert, gibt dem Jubiläum seinen außergewöhnlichen Charakter. (Zeitschrift „scala")

(b) Drei palästinensische Maschinenpistolenschützen haben am Sonntagnachmittag den jordanischen Ministerpräsidenten Wasfi El-Tele (51) erschossen, als er nach einer Sitzung des arabischen Verteidigungsrates das Kairoer Sheraton-Hotel betrat.

Die Männer in Zivilkleidung hatten die Ankunft des Ministerpräsidenten erwartet. Sie schossen auf ihn aus drei verschiedenen Richtungen. Tele brach unter dem Kugelhagel zusammen und starb auf der Stelle. Ein ägyptischer Leibwächter wurde am Bein verletzt. Die Attentäter wurden in kurzer Zeit festgenommen. („Saarbrücker Zeitung", 29.11.71)

(c) Ich habe keine Erinnerung mehr an das unzerstörte Berlin. Obwohl ich hier geboren und aufgewachsen bin und die Vernichtung mitangesehen habe, kann ich mich schlecht entsinnen. Und darum stört mich dieses Trümmergebiet so wenig wie eine Landschaft, in der ich zu Hause bin. Viele unserer Frauen aber konnten nie ganz vergessen, wie es einmal war und wie es heute ist, im Lachen, im Scherzwort unterbrachen sie sich plötzlich und schluchzten in die Hände. (Reinig, in Peitsch and Williams 1989, 40)

1. What is/are the subject(s) of these paragraphs? What is being discussed?
2. Underline the words that refer to the topic(s) under discussion.
3. Try to show how the words are related to each other and to the theme of the paragraphs.

5.7 Word order

Another way of creating links between sentences and paragraphs is to exploit the relative flexibility of German word order. Although some elements, such as the verb (including **infinitives**, **past participles** and **separable prefixes**), have a fixed place within the clause, the position of other elements, e.g. **adverbs** or **objects**, can be varied to some extent depending on what particular emphasis the writer wishes to convey.

As far as the moveable elements are concerned, a general rule is that the newer and more important a piece of information is, the later in the sentence it comes. Consider the following sentences, in which the order of the noun objects differs as a result of this general rule. As you know, the usual order for noun objects is dative followed by accusative, e.g. *Ich gab dem Kind einen Apfel.* This order can, however, be varied in order to change the emphasis. In the following sentences the emphasis is on the information that comes latest in the sentence (underlined):

(a) *Der Junge gab dem Verkäufer das Geld.*
(b) *Der Junge gab das Geld dem Verkäufer.*

(a) could be an answer to the question *Was gab er dem Verkäufer?*, whereas (b) would be an adequate reply to the question *Wem gab er das Geld?* Both sentences are grammatically correct, but the emphasis is different in each one.

Another general rule regarding moveable elements is that the starting-point for a German sentence is usually something already known to the speaker and listener, rather than a completely new piece of information. The starting-point will frequently be an element which leads on from the previous sentence, e.g.

(a) *Flugzeuge gehören zu den wichtigsten Verkehrsmitteln.*
(b) *Sie überwinden rasch große Entfernungen.*
(c) *Mit ihnen fliegt der Mensch um den Erdball.*

Sentence (b) starts with the pronoun *sie*, which refers to something already mentioned, i.e. *Flugzeuge*, and then gives some new information about aeroplanes. Sentence (c) similarly starts with reference to something already known – *mit ihnen* (i.e. with the aeroplanes) – and then provides new information as to what one does with them. The relatively flexible word order of German allows almost any element to occupy initial position, e.g. the prepositional phrase *mit ihnen*. This would, of course, not be possible in English, where the subject must come before the verb. ('With them flies man around the world' is not an acceptable English sentence.) This flexibility adds to the cohesion of a German text, since it means that an element referred to in the previous sentence can be referred to again at the beginning of the next sentence.

The following (modified) example from „Die Zeit" (17.8.84) provides a good illustration of the way in which word order helps to create cohesion:

> (a) *Die Teilung Deutschlands und der Verlust der ehemaligen Ostgebiete schrieben sie einer sowjetischen Politik des Expansionismus zu.*
> (b) *Diese Sicht konnten nur diejenigen akzeptieren, die vor der Geschichte die Augen verschlossen.*

Sentence (b) has as its starting point the reference to the already mentioned *Sicht*. (The word *Sicht* was not mentioned in sentence (a), but a description of this 'viewpoint' was given, so that the reader knows what is meant by *diese Sicht*.) Because of the flexibility of German word order, the accusative object *diese Sicht* can go at the beginning of the sentence to make explicit the link with the previous sentence; the new information (about the sort of person who has such views) can be left until the end. In English, you could only do something similar if you put the sentence into the passive: 'This viewpoint could only be accepted by . . .'.

ASSIGNMENT 21

Rewrite the second sentence in the following pairs of sentences, changing the word order to emphasise the link between them.

1. Wir haben ihn im Garten gesucht. Niemand war aber dort zu sehen.
2. Ich sehe ihn oft. Ich sehe seinen Bruder aber selten.
3. Er war drei Wochen in der Türkei. Er ist darum so braun.
4. Ein junger russischer Physiker machte eine sensationelle Entdeckung. Alle westlichen Wissenschaftler wollten dieser Entdeckung auf die Spur kommen.
5. Es gibt heute im Westen bei vielen Menschen eine wachsende Besorgnis über

die weitere Entwicklung der Technik. Man findet diese Besorgnis vor allem unter jungen Menschen.

6. Die jungen Frauen werden in Datenverarbeitung, Rechnungswesen und Organisation unterrichtet. Ein vierwöchiges Praktikum im Heimatland gehört mit zum Programm.

7. Übereinstimmung besteht darin, daß der soziale Protest nicht als wichtigster Grund für den Erfolg von rechtsradikalen Parteien angesehen werden darf. Vor allem die „Infas" Studie legt großen Wert darauf.

8. Im Osten umwerben die rechten Parteien Menschen, die früher der Kommunistischen Partei angehörten. Die Republikaner zum Beispiel haben an diesen ehemaligen Kommunisten großes Interesse.

6 The language you use

6.1 Language and reality

All of us enjoy a certain freedom to use language to portray reality in a way which corresponds to our personal view, and in order to try to convince our audience to accept this view. This is especially important in a reflective essay which is trying to argue a particular point.

Language plays a major role in our perception of reality, providing us with labels for the objects and people around us and also for abstract concepts such as emotions (fear, hope, love, etc.), so that we can communicate with each other.

Our initial tendency is to accept unthinkingly the labels that the language which happens to be our mother tongue provides for us, and to assume that they are the best available. As we grow in experience, however, we begin to realise that language does not necessarily provide an objective view of reality, but rather has been influenced (and is still being influenced) by its speakers' views of reality.

This becomes clear when we look at cases where the members of a speech community do not agree on the labelling of concepts and objects, but where the label used depends on the speaker's or writer's ideological standpoint. For example, the same person may be labelled a *Terrorist* by some people and a *Freiheitskämpfer* by others. We can find many examples of conflicting views of reality in the language used in the debate about nuclear energy, e.g. a nuclear waste dump may be called an *Atommülldeponie* or *Giftfabrik* by its opponents, whereas *Entsorgungspark* is the usual term amongst supporters. This is a classic example of euphemism, i.e. an attempt is made to make the object sound less harmful or more attractive than it is in reality.

Groups in power may try to impose their linguistic conventions on other people, e.g. right-wing newspapers (which usually have a larger readership and more money than left-wing papers) may consistently use the term *Terrorist* for communist activists, with the result that the label comes to be regarded by many speakers as the 'normal' term and they lose sight of its ideological bias. Such attempts at linguistic manipulation are not confined to the right-wing press: in the official language of the former GDR, the word *Aggression* was used almost exclusively to refer to the actions of western states, often in conjunction with the adjective *imperialistisch*; the adjective *brüderlich* was consistently used to characterise relationships with the former USSR (*brüderliche Beziehungen*), and the adjective *friedliebend* was regularly used in association with the names of socialist countries.

There is no obligation to accept the convention which says that a certain type of person is to be called a *Terrorist* or that socialist states are incapable of carrying out acts of aggression. If people believe that a particular label is discriminatory, or not true to reality as they perceive it, then they can choose not to use it and to use another label instead. Changing linguistic usage will not change reality, of course, but at least it symbolises a willingness to try to change it and makes people aware of the fact that the meanings of words are not fixed once and for all, but can be disputed.

Some changes in language usage have come about in Britain and in Germany over the last ten years or so because speakers have adopted new labels where the old were no longer felt to be adequate. For example, the objections of many women to being called 'chairman' has led to the by now almost universal acceptance of 'chair' as a non-gender-specific term. In German, also in response to pressure from the women's movement, we find an increasing tendency to name women explicitly in the plural, e.g. *Studenten und Studentinnen* or *StudentInnen* rather than simply *Studenten*.

Using evaluative vocabulary (i.e. words which express a value judgement), whether positive or negative, is a device which should not be overused, however. If such vocabulary is used frequently, the reader will soon begin to feel that the work is overly subjective and represents nothing more than the very personal view of one individual.

ASSIGNMENT 22

The following is an extract from an article on a subject that tends to arouse very strong feelings in German-speakers, i.e. the apparently increasing inability to use German 'correctly'. Read it through carefully, and then answer the questions that follow.

Sprachverfall

Das geschundene und verluderte Deutsch – es beunruhigt die Mitbürger offenbar viel mehr, als selbst die Sprachwissenschaftler es für möglich gehalten hätten. Eine Umfrage des Instituts für deutsche Sprache in Mannheim hat es jetzt zutage gebracht: Mehr als achtzig Prozent der Befragten sehen das Deutsche auf der

Straße des Verfalls. Die Verschlampung der Sprachregeln, das Fachchinesisch der Experten, die Null-Bock- und Sprechblasensprache der Jugendlichen und die Überflutung mit Fremdwörtern werden am meisten beklagt – und es ist kein Wunder, daß diese Erscheinungen den Älteren am meisten auffallen: sie haben in ihrer Jugend noch einen gründlichen, an der Hochsprache der Klassiker geschulten Deutschunterricht erhalten. („Die Welt", 15.3.86)

1. Underline those words in the first two sentences (*Das geschundene ... des Verfalls*) that seem to you to be evaluative, i.e. to express a value judgement by the author. Do not restrict yourself to adjectives (i.e. words which describe people or things), but consider also whether some of the nouns (i.e. names of people, objects or concepts) or verbs (i.e. words which indicate events or states) reveal anything about the author's attitude towards the subject matter.

2. What does such vocabulary tell you about the author's attitude towards the subject matter?

3. Find more objective or neutral replacements for the following italicised words (if necessary, the replacements may be longer than the original):

- *Die Verschlampung* der Sprachregeln,
- *das Fachchinesisch* der Experten,
- *die Überflutung* mit Fremdwörtern.

4. What, if any, is the significance of the use of *Hochsprache der Klassiker* rather than *Sprache der Klassiker*? What does *Hochsprache* mean in everyday usage? Does it mean the same here?

6.2 Language and register

We have already said more than once that authors make choices when composing a text. However, there are certain restrictions on their choices: not every word or every grammatical construction is equally acceptable in every kind of text.

Every society has conventions that a certain kind of language is appropriate in a certain range of situations: the more formal the situation, the more formal the linguistic **register**. In most highly literate societies, such as Britain and the German-speaking countries, it is the written standard language which is regarded as the most formal register. In German, this register is only realised in a spoken form in extremely formal situations, often involving the reading out of a prepared text. In more informal situations it sounds stilted and unnatural. In the same way, linguistic characteristics of colloquial spoken German will be considered out of place in a formal written text unless included for specific effect, e.g. to imitate speech. It is rarely the case, however, that a certain linguistic feature is exclusive to one register and never appears in another: certain features simply appear more often than others in a particular register, e.g. the **passive** is found much more frequently in formal than informal German, but this does not mean that it will never be used in colloquial speech.

It is a characteristic of modern German prose that it is, on the whole, more open to influence from colloquial German than was the case in the past. However, this influence is restricted to certain types of prose, e.g. informal letters or articles in the popular press, and will not be found in more formal prose, such as reports and essays.

6.3   Formal and informal language

6.3.1   Differences between written and spoken language

6.3.1.1   CONTEXT

All written language is less affected by the immediate context than is speech. In a conversation the speaker can monitor the reaction of the listener to what he or she is saying: he or she notices if the listener appears puzzled and can clarify the point which has not been understood, or of course the listener can ask for further information if he or she did not understand the message the first time. Writers, however, lack this immediate feedback and must be prepared to provide more information in the text than they would if they were formulating the same message verbally.

The influence of the immediate context on speech is also reflected in the fact that we often use features such as **pronouns** when talking about objects or people that are either present during the conversation or are well known to all participants in the conversation, e.g.
'Hast du *dies* gelesen?' (holding up a book) or
'I see that *they*'ve signed Mr. X at last' (comprehensible as long as the speaker knows that the listener shares the knowledge that a particular football team is interested in signing Mr. X).

In written language, on the other hand, pronouns have to refer unambiguously to persons or things already mentioned since the reader cannot ask for further elucidation from the writer.

Read the following texts carefully and decide whether they are clear enough for you to be able to follow them without difficulty. Think especially about the following questions:

1. Is it always clear what the pronouns refer to? (Underline them, so that they stand out.)
2. Are pronouns used instead of nouns too frequently?
3. Would you wish to improve the texts in any way?

The original versions (with the differences underlined) are on page 00.

(a) Vorurteile können fast immer auf eine primitive Einstellung der Menschheit zurückgeführt werden. Sie leiden an einer inhärenten Unsicherheit, die zu engstirnigen Lebensanschauungen führen kann, bzw. zu Vorurteilen gegenüber dem Ausland. Sie können humorvolle Bilder hervorrufen, aber im allgemeinen nutzen Unwissende sie aus, um sich über die Eigenschaften eines anderen Volkes lustig zu machen. Stimmt es aber, daß in ihnen immer ein Körnchen Wahrheit steckt?

(b) Die zwei Länder, mit denen ich mich beschäftigen werde, haben beide ihre eigenen Traditionen. Im Laufe der Zeit haben sich aus ihnen Vorurteile gegenüber diesen Ländern entwickelt. Was noch schlimmer ist, die beiden zu behandelnden Länder haben ihre eigene Sprache, und Vorurteile entstehen oft durch sprachliche Mißverständnisse.

(c) Typisch deutsch sein heißt eigentlich, so sein, wie wir sie uns vorstellen. Solche Vorstellungen oder Stereotype werden von uns verwendet, um das Leben zu vereinfachen. Sie lassen uns glauben, daß wir fremde Leute, bzw. Völker durchschaut und eingeordnet haben. Sie spiegeln vielleicht einen Aspekt der Wirklichkeit wider, aber im Grunde sind sie Verallgemeinerungen, deren Gültigkeit oft etwas zu wünschen übrig läßt und die gefährlich sein können, wenn sie uns dazu verleiten, die Menschen als Typen statt als Individuen zu sehen. Das hier dargestellte Stereotyp des Deutschen schließt bestimmt nicht alle ein. Wie ist es denn zustande gekommen, und wie zutreffend ist es?

6.3.1.2 EXPLICITNESS AND DIFFERENTIATION

As well as being more explicit than spoken German, formal written German is usually characterised by greater precision of expression achieved by means of a more differentiated vocabulary. In informal speech it is acceptable to use words which mean very little, such as *Dingsda*, *Kram* or *Zeug* instead of more specific words, or to use basic verbs such as *machen* instead of different verbs, e.g.

Ich mache eine Prüfung (ablegen)
Ich mache das Abendessen (kochen, vorbereiten)

Ich mache einen Tisch (bauen)
Ich mache den Fleck weg (entfernen)

In informal German it is accepted that speakers do not usually prepare and polish their speech before opening their mouths. In a written text more is expected in terms of complex constructions, extensive vocabulary and precise formulations.

ASSIGNMENT 24

The following verbs can all be found in an English–German dictionary as translations of the verb 'to be':

sich befinden, bestehen (aus), existieren, sich ereignen, gehören, kosten, liegen, sollen, stammen aus, stecken, stehen, sich verhalten.

With the aid of a German–German dictionary, translate the following sentences, choosing the correct verb in each case (some verbs can be used more than once). When you have finished, compare your versions with those on page 91.

1. The essay is in two parts.
2. There was an accident at the crossing.
3. Where on earth is he?
4. The meat is in the fridge.
5. The two countries are at war
6. There is no doubt of it.
7. She is in good hands.
8. The old house is still there.
9. Michael is not to eat that cake.
10. Her parents are from Switzerland.
11. He is like a friend to me.
12. How much are the books?
13. This is my bike.
14. *a* is to *b* as *x* is to *y*.
15. The books are on the shelf.
16. She is to be promoted next month.
17. The bottle is on the table.
18. The newspapers are on the floor.
19. There is danger.
20. The difference is that . . .

These two characteristics (explicitness and a differentiated vocabulary) are typical of formal written English as well as German. For a full description of those features that are peculiar to formal written German see Durrell (1992, Chapter 1). I shall concentrate on two aspects.

6.3.2 Formal written German

The characteristics that will be discussed in this section are nominal style and less frequent use of subordination. These two features are considered by many people to be the defining characteristics of modern written German, and so every student of German needs to be aware of them.

6.3.2.1 NOMINAL STYLE

Formal written German, especially as used in non-fictional writing, tends to be nominal in style. What this means is that much of the information in a text is carried by the nouns or the **noun phrases** rather than by the verbs.

Verbs often seem to be present in the sentence merely in order to provide grammatical links between nouns and noun phrases. For example, look at the use of *ist* in this sentence from *„Die Zeit"*, 17.8.84: *Die Bevölkerungsstagnation im Norden ist eben kein Beitrag zur Bewältigung der Bevölkerungskrise im Süden*. In the phrase *Beitrag sein*, the noun *Beitrag* has a greater informative value than the verb *sein*. This nominal style tends to be found more frequently in 'non-literary' prose (the terms 'literary' and 'non-literary' German and their definitions are taken from Durrell 1992), e.g. articles in the quality press or works of popular scholarship, than in creative writing.

In 'literary' German, i.e. in the classical literary language, the ratio of verbs to nouns is higher, and constructions with a simple verb (*beitragen*) are usually more frequent than phrases consisting of noun plus verb (*Beitrag sein*), e.g. *Die Bevölkerungsstagnation im Norden trägt nichts zur Bewältigung der Bevölkerungskrise im Süden bei*. More use is made of **dependent clauses**, e.g. *Die Bevölkerungsstagnation im Norden trägt nicht dazu bei, daß die Bevölkerungskrise im Süden bewältigt wird*.

A further characteristic of much modern non-literary prose, and one which contributes to its relatively nominal style, is the tendency not only to use nouns to convey information, but to pack a great deal of information into the noun phrase – information which in English and in more literary German would be conveyed in **relative clauses**. (This is not to say that relative clauses never occur in non-literary German; it is simply that there are fewer examples than in a more literary style, and alternative constructions are more common.)

One conventional and frequently used way of conveying information in the noun phrase is to modify the head noun (the noun that is the central element in the phrase) with one or more adjectives, e.g. *die großen schwarzen*

Hunde; weiße Autos; das blaue Meer; eine elegante Frau. **Present** and **past participles** of verbs are also often placed before a noun, just like adjectives, e.g. *eine geöffnete Tür; die lächelnde Frau.* In modern non-literary German this latter construction has become very popular, but with even more information being conveyed in the noun phrase than by the participles alone, e.g.

1. Das 1972 unterzeichnete Viermächte-Abkommen hat maßgeblich zur Stabilisierung der Lage Berlins beigetragen. (Zeitschrift „scala")
2. Im Rumpf [des Flugzeugs] eingeschlossene Urlauber trampelten andere tot. („Bild-Zeitung", 23.8.85)
3. Im Scheinwerferkegel sah Herzog Massimiliano Grazioli ein großes Auto, quer auf der von Orangenbäumen gesäumten Landstraße. („Bild-Zeitung", 9.11.77)
4. Horst Ehmer vertrat die Ansicht, daß die von den Sozialdemokraten gegen alle Widerstände durchgesetzte Deutschlandpolitik eine weitere Probe bestanden habe. („Frankfurter Rundschau", 17.8.84)

The underlined parts of these sentences are examples of noun phrases formed by modifying the head noun with an 'expanded participial attribute' (referred to in some grammars as an 'extended epithet' or as an 'extended participial phrase'). The participles *unterzeichnet, eingeschlossen, gesäumt* and *durchgesetzt* are expanded by means of prepositional phrases (*von den Sozialdemokraten, von Orangenbäumen*), or an adverbial phrase of time (*1972*), manner (*gegen alle Widerstände*) or place (*im Rumpf*). In more traditional writing, some, if not all, of the information contained in these noun phrases with extended participial attributes would probably be contained in dependent clauses, e.g.

1. Das Viermächte-Abkommen, das 1972 unterzeichnet wurde, trug maßgeblich zur Stabilisierung der Lage Berlins bei.
2. Urlauber, die im Rumpf eingeschlossen waren, trampelten andere tot.
3. Im Scheinwerferkegel sah Herzog Massimiliano Grazioli ein großes Auto, das quer auf der Landstraße, die von Orangenbäumen gesäumt war, stand.
4. Horst Ehmer vertrat die Ansicht, daß die Deutschlandpolitik, die die Sozialdemokraten gegen alle Widerstände durchgesetzt hätten, eine weitere Probe bestanden habe.

ASSIGNMENT 25

Attempt to rewrite the following sentences, replacing the dependent clauses with expanded participial attributes.

1. Die Stadt, die von Soldaten umringt war, mußte sich ergeben.
2. Das Flugzeug, das vor zwei Tagen von Terroristen entführt wurde, landete heute morgen in Kairo.
3. Ich möchte das Restaurant besuchen, das du empfohlen hast.
4. Er hatte Hunger auf das Brot, das Alberts Mutter selbst gebacken hatte.

5. Meine Auffassung von einem typischen Deutschen basierte auf einem Klischee, das immer wieder in Kriegsfilmen auftaucht.

6. Die Studenten kritisierten die Notstandsgesetze, die vom Parlament mit knapper Mehrheit verabschiedet worden waren.

7. Die rot–grüne Koalition in Niedersachsen, die seit vier Jahren regiert, ist die Gewinnerin der Landtagswahl vom Sonntag.

8. Die Protestparteien in Deutschland, die in jüngster Zeit entstanden sind, werden nach Auffassung des Bundespräsidenten keine „Dauererscheinung" bleiben.

9. Außer der Schwägerin des Mitbegründers des verbotenen Afrikanischen Nationalkongresses, der seit 24 Jahren im Zuchthaus saß, wurden 29 weitere Personen verhaftet.

10. Hauptstreitpunkt ist der Abzug der kubanischen Truppen, der von Südafrika als Vorbedingung für eine Lösung des Problems gefordert wird.

6.3.2.2 LESS FREQUENT USE OF SUBORDINATION

Hand in hand with a more nominal style goes a tendency to make less frequent use of dependent clauses than is usual in literary German. One obvious reason is, as we have seen above, that information which could be carried by dependent clauses is now often carried by nouns and noun phrases.

The following example, from the beginning of the novel „Wunschloses Unglück" by Peter Handke, shows clearly the difference between the main-clause style of the newspaper report, and the relatively extensive use of dependent clauses in the author's comment on the report. The introductory elements of the dependent clauses are underlined:

> „In der Nacht zum Samstag verübte eine 51jährige Hausfrau aus A. (Gemeinde G.) Selbstmord durch Einnehmen einer Überdosis von Schlaftabletten."
> Es ist inzwischen fast sieben Wochen her, _seit_ meine Mutter tot ist, und ich möchte mich an die Arbeit machen, _bevor_ das Bedürfnis, _über sie_ zu schreiben, _das_ bei der Beerdigung so stark war, sich in die stumpfsinnige Sprachlosigkeit zurückverwandelt, _mit der_ ich auf die Nachricht vom Selbstmord reagierte.

In the first sentence all the important information is conveyed through the nouns: _Nacht, Hausfrau, Selbstmord, Einnehmen von Schlaftabletten_. The use of a preposition (hier: _durch_) plus a **verbal noun** (hier: _Einnehmen_) is a common alternative to a dependent clause in formal written German, e.g. _Beim Hinausgehen stolperte sie_ for _Sie stolperte, als sie hinausging_.

Since reports, formal or official letters and reflective essays fall into the category of non-literary prose, you need to be able to use constructions that are characteristic of this variety of German, particularly those constructions that are frequently employed in modern German prose as alternatives to dependent clauses. As Durrell (1992, 240) says: 'Subordinate [i.e. dependent] clauses are not ungrammatical in German; they are simply used less [than in English], and other constructions often sound much more natural.'

In the following examples you will see how the same information can be conveyed using either dependent clauses or alternative constructions. After studying these examples, try to rewrite sentences 5–14, avoiding dependent clauses. Then compare your versions with the suggestions on page 92.

I

(a) Einmal ist mir das Messer abgerutscht, als ich Brot schnitt.
(b) Einmal ist mir beim Brotschneiden das Messer abgerutscht. (Handke)

2

(a) Wenn sie die Arbeitslosigkeit bekämpfen, finden mich die Gewerkschaften an ihrer Seite.
(b) Bei der Bekämpfung der Arbeitslosigkeit finden mich die Gewerkschaften an ihrer Seite. („Bild-Zeitung", 17.8.84)

3

(a) Kohl spricht plötzlich über die Probleme aus der Zeit, bevor er das Amt übernahm.
(b) Kohl spricht plötzlich über die Probleme vor seiner Amtsübernahme. („Bild-Zeitung", 17.8.84)

4

(a) Das 1972 unterzeichnete Viermächte-Abkommen hat dazu beigetragen, daß die Lage Berlins stabilisiert wurde.
(b) Das 1972 unterzeichnete Viermächte-Abkommen hat zur Stabilisierung der Lage Berlins beigetragen. (Zeitschrift „scala")

5. Meine Freundschaft zu Genscher war kein Faktor, als ich die Regierung bildete.
6. Ich habe ihn im Publikum gesehen, als das Theaterstück uraufgeführt wurde.
7. Sie rief mich an, bevor sie abfuhr.
8. Nachdem sie ihre Träume verwirklicht hatte, hörte sie auf zu arbeiten.
9. Obwohl sie sehr krank war, ging sie zur Arbeit.
10. Die männlichen Mitglieder des Klubs sind nicht damit einverstanden, daß Frauen zugelassen werden.
11. Weil er das Pferderennen so sehr liebt, hat er viel Geld verloren.
12. Erich Honecker wollte erreichen, daß die DDR international anerkannt wurde.
13. Die Probleme fingen an, als Wolf Biermann ausgebürgert wurde.

14. Nicht alle ehemaligen Bürger der DDR sind damit zufrieden, daß ihr Staat der BRD beigetreten ist.

6.4 Choosing the right word

This section will focus on the problem of making the correct semantic choice, i.e. of choosing the correct variant when it appears that there is more than one word or phrase with the same meaning.

6.4.1 Synonymy

According to the *New Collins Concise English Dictionary*, synonyms are words that mean the same or nearly the same as each other. Under the entry 'money' in an English–German dictionary, you will probably find some if not all of the following as possible translations: *Geld, Geldmittel, Kohle*. The words listed are not, however, total synonyms of the word 'money': total synonymy only occurs when words are interchangeable in all contexts and have identical CON-NOTATIONS and COLLOCATIONS. The three German words may well denote or refer to the same object, 'money', but they have different connotations. The term connotation covers STYLISTIC and AFFECTIVE meaning.

6.4.1.1 STYLISTIC MEANING

A word may belong to a certain register of German, e.g. the verb *abhauen* (*Hau ab* = 'Get lost, buzz off') is normally used in an informal context. Because of the stylistic meaning which attaches to it, its use in a formal context could cause mirth (or even offence). (It would of course be just as inappropriate to say *Zieh dich zurück* ('withdraw') in an informal situation.)

In the example with 'money', *Geld* is the only term which could be used in any context. *Kohle* and *Geldmittel* have stylistic connotations which re-strict their use: the former is a colloquial term (cf. 'dosh' in English), and the latter is used in official, bureaucratic German, e.g. *Die Geldmittel für öffentliche Ausgaben sind gekürzt worden* ('Finance for public spending has been cut').

You need to to be aware of the stylistic meaning of words, since nothing marks you more quickly as a non-native speaker than mixing registers and using words which are too colloquial or too formal. This distracts the listener/ reader from the message that the speaker/writer wishes to communicate. A core vocabulary of neutral German words can be used in any register, formal or colloquial, but certain words are restricted either to formal (e.g. giving a report to one's boss) or informal situations (e.g. conversation with friends).

Table 6.1 Stylistic meaning

Neutral	Elevated	Colloquial
bekommen	erhalten empfangen	kriegen
	in Empfang nehmen	
dick	beleibt	gut bei Sache
angeben	sich rühmen	protzen
Geld	Geldmittel	Kohle
töten	ermorden	abmurksen

(For more examples see Durrell 1992, Chapter 1.)

6.4.1.2 AFFECTIVE MEANING

Words which refer to the same object may awaken different emotional associations, positive or negative. The terms *Mama* and *Mutti*, for instance, are considered by most native speakers of German to be more familiar and affectionate than *Mutter*. The phrase *Halt's Maul* ('Shut your face') is more aggressive than *Sei ruhig*. Some words which are listed in dictionaries as synonyms are not true synonyms, because their affective meanings are different. For example, even though *Duden 8* (*Die sinn- und sachverwandten Wörter*) lists *hartnäckig* as a synonym of *beharrlich*, German-speakers would not use the two interchangeably: *beharrlich* has more positive connotations than *hartnäckig*.

ASSIGNMENT 27

Using a German–German and a German–English dictionary, find out whether the three words in each of the following sets have the same affective meaning. Give examples of how the three would be used:

1. *anstiften – anzetteln – verursachen*,
2. *die Bande – die Gruppe – die Rotte*,
3. *duften – riechen – stinken*.

ASSIGNMENT 28

Look up the following words and find out in what contexts they can be used. Do they differ in affective or stylistic meaning, or both? Comments on the words can be seen on page 93.

1. das Postwertzeichen – die Briefmarke,
2. der Gemahl – der Ehemann,
3. das Antlitz – das Gesicht,

4. essen – fressen (to refer to people) – speisen,
5. sich betrinken – sich besaufen,
6. die (Hand)schrift – die Klaue,
7. schmerzen – wehtun,
8. die Putzfrau – die Raumpflegerin,
9. sich unterhalten – miteinander schwätzen,
10. entwenden – stehlen.

When Anna writes to her friend Maria, she usually does so in a fairly informal style. Read the letter that follows, underline the words and grammatical features that seem to you to mark this text as being informal, and then rewrite it in a more formal register and as a report rather than as a letter.

Marburg, den 4. Januar

Liebe Maria,

ich habe Dir so viel zu erzählen. Seit Deinem letzten Brief ist so viel passiert. Zu Weihnachten habe ich ein Fahrrad von der Oma geschenkt gekriegt, das mir jemand zwei Tage später geklaut hat. Ich war in einem Geschäft und habe mit einer Freundin geschwätzt – als ich wieder rausgekommen bin, war das Rad weg. Ich war so bös, daß ich fast geheult hätte. Na ja, ganz so schlimm war's dann doch nicht – die Versicherung wird schon mit Geld rausrücken, und da kann ich mir bald ein neues Rad zulegen.

Laß bald von Dir hören!

Deine

Anna.

6.4.1.3 COLLOCATIONAL RESTRICTIONS

Choices between words are also determined by what are known as collocational restrictions. What this means is that some words habitually occur together, e.g. in English 'spick' co-occurs (or collocates) exclusively with 'span': 'The house was spick and span'. 'Spick' sounds odd if used with any other word, e.g. 'The house was spick and tidy'. In German, *vollschlank* cannot be used to translate 'fat' in all contexts, but is used only to describe women, i.e. it collocates with words that refer to women, such as *Dame*, *Frau* (cf. 'well-rounded' in English).

Complete the following sentences using one variant from the selection given. Make sure that the variant you choose collocates correctly with the rest of the sentence as given. This means ensuring that it collocates grammatically as well as semantically. In some cases more than one alternative is possible.

(a) *Der Jäger hat zwei Kaninchen... erschossen, geschossen, erlegt, ermordet*

Both *geschossen* and *erlegt* are correct, the only difference being that *erlegen* is more elevated than *schießen. erschießen* and *ermorden* are used only with human objects.

(b) *Der General... dem Heer, die Waffen zu strecken. ordnete... an, befahl, wies... an, forderte... auf*

In this context, all the verbs would be acceptable in semantic terms (in terms of meaning). However, only *befahl* can collocate grammatically with the dative object *dem Heer.*

1. Die SPD hat die Wahlen mit einer... Mehrheit gewonnen. schmalen, engen, knappen, beschränkten
2. Mein Bruder hat morgen früh... ... bei der Ärztin. einen Termin, eine Verabredung
3. Du kannst den Arzt nicht für ihren Tod... machen. verantwortlich, verantwortungsbewußt, verantwortungsvoll
4. Viele Rehe sind bei diesem schlechten Wetter... verschieden, entschlafen, verendet, krepiert
5. Ich bin..., als ich den großen Hund erblickte. gefürchtet, erschreckt, erschrocken

6.4.2 Adjectival nouns

One reason why we often choose the wrong word in German is because of interference from English. This is illustrated by the use of **adjectival nouns** in German. German adjectives can become nouns if an article is put in front of them, e.g. *der Blinde* – the blind man; *die Tote* – the dead woman; *die Kranken* – the sick people, the patients; *das Seltsame* – the odd thing. **Present** and **past participles** which are used as adjectives can become nouns in exactly the same way, e.g. *das Erschreckende* – the scary thing; *das Gesagte* – what was said. As you will see in any grammar of German, these adjectival nouns (or substantivised adjectives, as they are also called) remain different from other nouns in that they still decline like adjectives, e.g. *Ich sah den Blinden*; *Ich kannte die Schwester der Toten*; *Sie hilft den Kranken*; *Ein Blinder ging vorbei*.

Using adjectives as nouns is much less common in English, and when it does occur the adjectives do not usually have the same meaning as their apparent German equivalents, e.g. the plural forms 'the sick, the blind' mean sick or blind people in general, not particular sick or blind people. The singular forms *der Blinde, die Tote, der/die Unbekannte, das Erschreckende*, etc. have to be translated into English by means of a phrase consisting of adjective plus noun, e.g. 'the blind man', 'the dead woman', 'the unknown person', 'the scary thing', or by means of a dependent clause introduced by 'what', e.g. (the adjectival nouns are underlined in the German version and the dependent clause in the English version):

Das für uns Befremdliche und zugleich Amüsante ist die Ironie, mit der die Märchenfiguren gezeichnet sind.
'What we find alien and, at the same time, amusing, is the irony with which the fairy-tale figures are drawn.'

When writing German, English native-speakers tend to use the same sort of construction, i.e. they over-use words such as *Ding, Sache, Leute*, e.g. *das komische Ding war . . .* ; *die alten Leute*; *die wichtigste Sache war. . . .* In all these cases the most idiomatic (the most German-sounding) construction would have been the adjective alone, used as a noun (remember to capitalise it), e.g. *das Komische war . . .* ; *die Alten*; *das Wichtigste war . . . .*

The following examples show how words such as thing(s), man, woman, person and people, so common in English, can be avoided in German, in order to achieve a more 'German' style:

1. That is an odd thing – *Das ist etwas Seltsames*.
2. We see so many ugly things in our towns – *Wir sehen so viel Häßliches in unseren Städten*.
3. The astonishing thing about it is that you are right – *Das Erstaunliche dabei ist, daß du recht hast*.
4. The photos were more similar to my father than the unknown person who stood before me – *Die Fotos ähnelten meinem Vater mehr als der Unbekannte, der vor mir stand* (Schneider 1989, 6).
5. It appeared to remind me of something awful, perhaps something great, in any case something inexpressible – *Er schien an etwas Schreckliches, vielleicht etwas Großes, jedenfalls an etwas Unaussprechliches zu erinnern* (Schneider 1989, 13).

After studying the examples, fill in the gaps in the following German sentences, finding idiomatic equivalents for the underlined English phrases.

1. *... schrie lauthals um Hilfe.* – <u>The drowning woman</u> shouted for help at the top of her voice.

2. *Unsere Gastgeber haben uns wie ... behandelt.* – Our hosts treated us like <u>privileged people</u>.

3. *... ging vorbei und schaute über den Zaun.* – <u>An inquisitive person</u> (male) walked past and looked over the fence.

4. *Wo war das Grab ...?* – Where was the tomb of <u>the woman they admired?</u> (of the admired woman)

5. *Es fiel ... schwer, die Treppe hinaufzugehen.* – <u>The man with a limp</u> (the limping man) had difficulty going up the stairs.

6. *Du bist nicht der ..., der das sagt.* – You're not <u>the first person</u> to say that.

7. *Du könntest ... vom Lehrer lernen, wenn du dich nur mehr anstrengen würdest.* – You could learn <u>new things</u> from the teacher, if only you tried harder.

8. *... ist, den Kopf nicht zu verlieren.* – <u>The most important thing</u> is to keep one's head.

9. *... am Schwimmen ist, daß man keine teure Ausrüstung braucht.* – <u>The nice thing</u> about swimming is that you do not need expensive equipment.

10. *Er hat ... geleistet.* – He has achieved <u>outstanding things</u>.

6.5   Use of tenses

Different text types, and sometimes different registers, will require the use of different tenses in German. This section gives a brief overview of the most important tenses, concentrating on those cases where English and German usage differ.

6.5.1   Introduction

The PRESENT tense is used to relate actions or events that happen in the present, or which are habitual or timeless, e.g. *Ich gehe heute baden; Meine Schwester schwimmt gern.* In contrast to English, German uses the present tense to refer to an action that has begun in the past and which is continuing

67

at the present, e.g. *Meine Eltern wohnen seit zwei Jahren in Berlin.* In an essay dealing with a literary text, the present will be employed to relate the actions and events which take place in the text, e.g.

> *Immerhin <u>hellt</u> sich die Bühne auf, als Diddo [. . .] <u>erscheint</u>. Nun <u>folgt</u> eine der schönsten Liebesbegegnungen, die Zuckmayer geschrieben hat.*

The FUTURE tense is used less often in German than in English. If it is clear from the context that the action referred to by the verb is to take place in the future, then German is likely to use the present tense, e.g. *In einem Monat haben die Kinder Ferien.* The use of the future implies supposition (*Sie wird (wohl) krank sein*), intention (*Wir werden uns kurz fassen*) or prediction (*Morgen wird es sehr kalt sein*).

The PERFECT and the PRETERITE tenses are both used to refer to events that occurred in the past, but although they correspond in form to the English perfect and preterite tenses, they do not always correspond in usage. In German it is as correct to say *Ich sah meinen Vater gestern* as it is to say *Ich habe meinen Vater gestern gesehen*, whereas in English only 'I saw my father yesterday' is acceptable.

When relating actions or events which occurred in the past and which are not presented as being relevant to the present, the perfect or the preterite may be used, with no difference in grammatical meaning. However, there is a difference in stylistic meaning between the two tenses: the perfect is, broadly speaking, more common in speech, and the preterite in writing (cf. Durrell 1991, 281f.). However, the preterite is commonly used with some verbs even in spoken German, above all with the **auxiliary verbs**, the **modals**, and in the **passive.**

Since spoken German tends to be less formal than written German, the perfect tense is associated with a less formal register than is the preterite, and this means that it may be used in personal letters to create a colloquial tone.

Although, as said above, the perfect and the preterite are often interchangeable when relating events which occurred wholly in the past, there are occasions when the perfect cannot be replaced by a preterite, namely when the action or event described by the verb is seen as being of relevance to the present, even if that action or event took place before the time of speaking. This is known as the resultative aspect of the perfect tense, since the use of the perfect indicates that the result of the action or event described by the verb is still relevant in the present, e.g. *Ich habe mir die Hand verstaucht* (and it still hurts); *Meine Freundin hat mir einen Brief geschrieben* (and I am going to show it to you now).

There are certain collocational restrictions on the use of the tenses, too.

The adverbs *schon, schon immer, schon oft* and *noch nie* normally require the perfect tense to be used.

The differences between the perfect and preterite tenses are illustrated in the following extract:

> *Von den ungezählten Preisen, die dem Schriftsteller Siegfried Lenz aufgebürdet worden sind, steht ihm der Friedenspreis des Deutschen Buchhandels, verliehen 1988, am besten. Alle reden gern immerzu vom Frieden. Siegfried Lenz hat uns fünfzig Jahre lang vorgeführt, was für möglicherweise weniger geschätzte Tugenden (dieser Begriff gehört schon dazu) es sind, die den Ansprüchen der Utopie Frieden genügen.*
>
> *Er ist mutig. Vor Kriegsende desertierte er aus der Armee und versteckte sich in den Wäldern Dänemarks. Nach drei Jahren brach er ein Studium ab, das er als unnütz erkannt hatte. Drei Jahre später kündigte er einen sicheren Job als Feuilletonredakteur der „Welt". Vom Honorar für den ersten Roman, „Es waren Habichte in der Luft" (1951), leistete er sich eine Fahrt nach Afrika und lebte danach, so gut es eben ging, bis ihn der Welterfolg der „Deutschstunde" von allen Geldsorgen befreite. („Die Zeit", 15.3.96)*

ASSIGNMENT 32

After reading the above passage, make a note of all the perfect and preterite forms to be found in it. On the basis of the above points, try to account for the use of each tense. Comments can be found on page 96.

6.5.2 Essays

In a reflective essay, a variety of tenses is likely to be used. Since an essay will be written in a formal register, the tense most likely to be chosen for relating actions and events in the past is the preterite. This is especially true of longer narrative sequences. The perfect will, however, be used if a link is to be effected between the action or event related and the present (the time of writing).

6.5.3 Letters

In a letter relating actions or events which took place in the past and which are not presented as having a bearing on the present, the choice between the perfect and preterite tenses will be determined largely by register. A letter which is intended to be colloquial in tone will make greater use of the perfect tense than a letter that is intended to be more formal. Remember, however, that certain verbs are almost always found in the preterite, even in informal contexts.

6.5.4 Reports

Some reports will be describing or commenting on a state of affairs that obtains at the present time or which is habitual and will, therefore, employ the present tense, e.g. (the verbs in the present tense are underlined):

> *Es läßt sich kaum leugnen, daß diese Zahlen darauf hindeuten, daß es den Deutschen jetzt besser geht als früher. Sie wohnen in größeren, besser ausgestatteten Wohnungen, können sich mehr Nahrungs- und Genußmittel leisten und haben bessere Bildungschancen. Die Zahlen zeigen aber auch, daß immer mehr Menschen allein wohnen und daß immer mehr Kinder mit nur einem Elternteil aufwachsen. Deshalb gibt das hier dargestellte Bild der deutschen Gesellschaft keinen Anlaß zur ungetrübten Freude.*

Other reports will be describing an event that happened in the past and will therefore employ the preterite, as in the following extract from a report in the „Mannheimer Morgen":

> *Neben der deutschsprachigen Philologen-Elite waren zahlreiche Germanisten etwa aus Skandinavien, Ungarn und Übersee zu Gast, und das Besondere an diesem internationalen Kongreß war tatsächlich, daß keinerlei babylonisches Sprachgewirr herrschte – man sprach ausschließlich Deutsch. Im Viertel- oder Halbstundentakt jagten sich die Referate, und so manche Kaffeepause fiel, zumindest teilweise, der nicht einzudämmenden Eloquenz eines Referenten zum Opfer.*

6.5.5 Summary

The above discussion is intended to provide some guidelines for the use of the tenses in German. Often, however, there are no hard and fast rules. This is especially true as regards the choice between the perfect and preterite tenses for narrating a sequence of events in the past: there are occasions when relatively subjective factors, such as sentence rhythm, will determine the choice of one rather than the other. The best way of learning which tense to use is to read different text types in German and to note the tenses used.

6.6 The language of report-writing

As was said in the Introduction, a report can be either a relatively objective collection of factual information about a particular subject matter, with the author keeping her or his own opinion to her- or himself, or it can incorporate the author's comments on the subject matter under discussion. Some examiners make it clear that personal comment and evaluation are expected by asking for a commentary on data provided.

6.6.1 Objectivity

An objective tone can be achieved by avoiding the first-person pronouns *ich* and *wir*, and by using the **subjunctive** to distinguish between the author's own statements and statements made by other people and simply recorded by him or her. The following examples of this use of the subjunctive are taken from Example 1.1. The subjunctive forms are underlined.

> *Von einem Bergwerksgelände im westafrikanischen Sierra Leone sind 15 Mitarbeiter entführt worden. Darunter <u>seien</u> das britische Direktoren-Ehepaar, ein Deutscher, ein Schwede sowie fünf Briten, teilte ein Sprecher der Bergwerksgesellschaft Sierra Leone Ore and Metal Company mit. Ein Beschäftigter des schweizerischen Unternehmens aus Sierra Leone <u>sei</u> bei dem Überfall getötet worden. In der Umgebung des Bergwerks bekämpfen sich Regierungstruppen und Einheiten der Vereinten Revolutionären Front (RUF). In den vergangenen Monaten waren vier Europäer in Sierra Leone entführt worden. Am 12. Januar drohte die RUF, sie <u>werde</u> zwei der Geiseln, beides Briten, umbringen. Sie <u>seien</u> „verdeckte Militärberater" gewesen.*

The subjunctive is used in this text even when a verb of saying (*mitteilen, drohen*) already makes it clear that the reporter is quoting another person. The subjunctive can also be used without a verb of saying to indicate that the statement is to be attributed to someone else and not to the reporter (*sei, seien*). If the indirect speech is in a dependent clause introduced by *daß*, the subjunctive is not always employed, but if the *daß* is omitted (as in this text) the subjunctive is obligatory. More detailed information on the formation and the use of the subjunctive can be found in Durrell 1991, 1992 and Helbig & Buscha 1984.

ASSIGNMENT 33

Rewrite the following text as indirect speech. Do not use *daß*.

Uli rief: „Sie haben uns nach Hause geschickt. In der Luft soll Gift sein! Sehr viel Gift! Und Almut hat angerufen, wir sollen in den Keller gehen. Ich habe schon Kartoffeln gerieben!"

Uli berichtete aufgeregt: „Sie reden dauernd von einer Wolke. Und die Wolke ist giftig. Aber ich habe es nicht richtig mitbekommen". (Pausewang 1992, 49f.)

6.6.2 Personal comment

The following phrases may be useful for introducing the more subjective, evaluative or interpretative element required in a commentary.

Meiner Ansicht/Meinung nach . . .

Ich bin der Ansicht/Meinung, daß . . .

Man kann die Statistik so interpretieren, daß . . .

Die Statistik läßt sich entweder so oder so interpretieren.

Die Statistik läßt nur eine Interpretation/verschiedene Interpretationen/ verschiedene Schlüsse zu.

Aus der Statistik kann man verschiedene Schlüsse ziehen.

Die Statistik zeigt deutlich/unmißverständlich/unverkennbar, daß . . .

Die Zahlen lassen keine eindeutigen Schlüsse zu/können unterschiedlich interpretiert werden.

Ich neige dazu, die Statistik auf diese Weise zu interpretieren.

Unbestreitbar ist, . . .

Anscheinend (used far more frequently than *es scheint, daß* or *es scheint, als ob* as the equivalent of 'it seems that') . . .

Glossary

Adjectival nouns   These are adjectives (and past and present participles) which are used as nouns. They are then capitalised and declined in the same way as adjectives placed in front of nouns, e.g. *Die Blinde stolperte*; *Die Ärztin besucht den Kranken*; *Die Reisenden schliefen im Zug ein.*

Adverbs   Usually understood as words that modify verbs, as adjectives modify nouns. Adverbs can also modify whole sentences, other adverbs, or an adjective, e.g. *Vielleicht kommt er noch; Er ist schnell gefahren; Eine herzlich lächelnde Frau trat herein.*

Articles   There are two kinds of article in German, a definite and an indefinite article. The definite article (*der, die, das*) is used with a noun to make it clear that the speaker is referring to a particular example of a class of thing. The indefinite article, on the other hand, signals that the noun is not being given a specific identity. Compare the two sentences *Der Lehrer war krank* and *Ein Lehrer war krank.*

Auxiliary verbs   These are the verbs *haben, sein* and *werden*. They are used with other verbs to form past and future tenses (e.g. *Ich bin/war gegangen; Er wird kommen*), the passive voice (e.g. *Sie wurde gesehen*), the subjunctive mood (e.g. *Er sagte, er würde kommen*).

Clause   A grammatical unit smaller than a sentence, consisting of at least a subject and a verb. If it can stand alone as a sentence, it is called a main clause.

Cohesion, cohesive   Cohesion refers to the way in which phrases, sentences and paragraphs are linked by means of linguistic devices, such as articles, conjunctions, certain adverbs which act as conjunctions, or pronouns. A text is cohesive when these links exist.

Compound nouns   Nouns formed from two or more independently existing nouns, e.g. *Bahn + Hof = Bahnhof*. Sometimes there is a linking element, usually *-s-* or *-n-*, e.g. *Amtsübernahme, Bauernhof.*

Conjunctions   Words which link clauses, e.g. *und, aber, bevor* and *weil*. In German there are two classes: co-ordinating and subordinating conjunctions. The verb in a clause introduced by one of the latter moves to final position.

Dependent clauses (also known as subordinate clauses)   Clauses which, like main clauses, contain a subject and a verb, but which cannot, according to the rules of written language, stand alone as a sentence, e.g. *Weil er mich liebte*; *Als sie mich sah.*

Finite verb   A form of the verb that agrees with the subject and is marked for tense, e.g. *sagt, gingen.*

Infinitive   A form of the verb that is invariable and is not marked for number or tense, e.g. *eintreten, machen, singen.*

Modal verbs   In German these are the verbs *dürfen, können, mögen, müssen, sollen* and *wollen.*

Noun phrase   A phrase consisting not only of a noun, but of an article plus noun, e.g. *die Bevölkerungsstagnation,* an adjective plus noun, e.g. *die wachsende Bevölkerung,* a noun plus prepositional phrase, e.g. *die Bevölkerungsstagnation im Norden,* or a noun plus genitive attribute, e.g. *die Bewältigung der Bevölkerungskrise.*

Object   The person or thing who/which is the receiver or goal of the action of the verb, e.g. *Ich sah <u>den Mann</u>; Er schlug <u>das Kind</u>; Sie kaufte <u>ein Auto</u>; Ich habe <u>eine Schwester</u>.*

Passive   The passive is formed with the auxiliary verbs *sein* or *werden* and the past participle, e.g. *Die Tür wird geschlossen; Die Tür ist geschlossen.* This construction is often used when the agent or doer of the action is considered relatively unimportant.

Past participle   The form of the verb that is used with the verbs *haben* or *sein* to form the perfect tense or with *werden* to form passive constructions, e.g. *gesagt, eingetreten, gegangen.* It can also be used as an adjective, e.g. *das gestohlene Fahrzeug.*

Prepositional adverb   *Da(r)* compounded with a preposition, e.g. *darauf, damit.*

Present participle   A form of the verb that corresponds to the English *-ing* form (running, swimming). In German the present participle is formed by adding *-end* to the stem of the verb, e.g. *laufend, schwimmend.*

Preterite   One of the past tenses of the verb, also known as the imperfect or past tense. Examples in German are: *sagte, weinte, ging, kam, wußte.* Known in German as *das Präteritum.*

Pronouns   Parts of speech that can be substituted for nouns or noun phrases, e.g. *Ich habe <u>Anna</u> heute morgen in der Stadt gesehen. <u>Sie</u> läßt grüßen,* or *<u>Die beiden Jungen</u> haben die Stadt gestern verlassen. <u>Sie</u> schicken dir nächste Woche das Geld.* There are different categories of pronouns, such as demonstrative pronouns, which point to something, e.g. *dieses/jenes;* indefinite pronouns, which do not refer to a specific individual or object, e.g. *alles, jemand;* relative pronouns, which introduce relative clauses, e.g. *Ich lernte gestern eine Frau kennen, <u>die</u> mit dir im Urlaub war.*

Register   A stylistic level of language. Language varies according to the degree of formality of the situation in which it is used, i.e. different **registers** are used in different situations.

Relative clauses   Clauses which modify a preceding noun, e.g. (the relative clauses are underlined): *Das ist die Frau, <u>deren Mann im Gefängnis sitzt</u>; Ich kenne den Mann, <u>der den Roman geschrieben hat.</u>*

Separable prefix   Some verbs have separable prefixes, e.g. *ankommen, abfahren, eintreten: Sie kam vor zwei Stunden in Kairo an; Wann fährt der Zug ab?; Treten Sie bitte ein!*

74

Subjunctive   A form of the verb used for, amongst other things, reporting indirect speech and in conditional sentences, e.g. *Sie sagte, sie komme morgen*; *Mein Bruder käme, wenn er Zeit hätte*.

Target language   A language being taught to foreign learners.

Verbal nouns   Nouns derived from verbs, e.g. *die Hoffnung* from *hoffen*, *das Bellen* from *bellen*.

Bibliography

This is a list of those works referred to in the text, and of others which will be useful for students.

Aktuell 89. Das Lexikon der Gegenwart (1989), Harenberg Lexikon-Verlag, Dortmund.

Ammon, U. (1975), 'Die Schwierigkeiten der Dialektsprecher in der Schule und das Bewußtsein davon bei den Lehrern', in Halbfas, H., *et al.* (eds), *Sprache, Umgang und Erziehung*, Stuttgart, 87–115.

Asche, S., and Huschens, A. (1990), *Frauen. Gleichberechtigung, Gleichstellung, Emanzipation?*, Diesterweg, Frankfurt/Main.

Belwe, K. (1989), 'Sozialstruktur und gesellschaftlicher Wandel in der DDR', in Weidenfeld, W., and Zimmermann, H., (eds), *Deutschland-Handbuch: eine doppelte Bilanz 1949–1989*, Carl Hanser, Munich, Vienna, 125–43.

Bergmann-Pohl, S. (1994), 'Frauen im vereinten Deutschland: Wertewandel oder Verzicht?', in Boa, E., and Wharton, J., (eds), *Women and the Wende. Social effects and cultural reflections of the German unification process*, Rodopi, Amsterdam, Atlanta, 6–17.

Collins (1994), *German–English, English–German Dictionary*, Klett, Glasgow.

DDR 86: Tatsachen und Zahlen (1986), Panorama DDR, Berlin.

Der Spiegel (1986), 'Quoten verschaffen uns einen Fuß in der Tür', *Der Spiegel* 35, 32–47.

Der Spiegel (1988), 'Die Deutschen sind "très Hausfrau"', *Der Spiegel* 45, 88.

Der Spiegel (1994), 'Ohne Quoten keine Voten', *Der Spiegel* 24, 59–61.

Der Spiegel (1995), 'Land der Männer', *Der Spiegel* 43, 22–4.

Diem, A., *et al.* (1983), *Schreibweisen. Ein Arbeitsbuch für den Deutschunterricht der Sekundarstufe II*, Klett, Stuttgart.

Duden (1970), *Stilwörterbuch,* Bibliographisches Institut, Mannheim.

Duden (1972), *Die sinn- und sachverwandten Wörter*, Bibliographisches Institut, Mannheim.

Duden (1989), *Deutsches Universalwörterbuch*, 2nd ed., Bibliographisches Institut, Mannheim.

Duden (1994), *Informationen zur neuen deutschen Rechtschreibung*, Bibliographisches Institut, Mannheim.

Durrell, M. (1991), *Hammer's German Grammar*. Revised by Martin Durrell, Arnold, London.

Durrell, M. (1992), *Using German: a guide to contemporary usage*, CUP, Cambridge.

Farrell, R. B. (1977), *A Dictionary of German Synonyms*, CUP, Cambridge.

Filser, F. (1988), *Die Frau in der Gesellschaft: Arbeitstexte für den Unterricht*, Reclam, Stuttgart.

Fischer, D. (1993), 'Das Sein bestimmt das Bewußtsein: Wertewandel in Zahlen', *Wir in Europa* 72, 34–5.

Harris, J. (1993), *Introducing Writing*, Penguin, Harmondsworth.

Hasselberg, J. (1972), 'Die Abhängigkeit des Schülererfolgs vom Einfluß des Dialekts', *Muttersprache* 82, 201–23.

Helbig, G., and Buscha, J. (1984), *Deutsche Grammatik. Ein Handbuch für den Ausländerunterricht*, VEB Verlag Enzyklopädie, Leipzig.

Kolinsky, E. (1993), *Women in Contemporary Germany: life, work and politics*, Berg, Providence, Oxford.

Moser, H. (1972), 'Sprachbarriere als linguistisches und soziales Problem', in Rucktäschel, A., (ed.), *Sprache und Gesellschaft*, Wilhelm Fink, Munich, 195–222.

Musall, B. (1990), 'Märchenprinz am Mülleimer', *Der Spiegel* 3, 162–7.

Musall, B. (1991), 'Viele dachten, die spinnen', *Der Spiegel* 12, 68–84.

Oxford Duden German Dictionary (1990), Clarendon Press, Oxford.

Pausewang, G. (1992), *Die Wolke*, edited with introduction, notes and vocabulary by Tebbutt, S., MUP, Manchester.

Peitsch, H., and Williams, R. (eds) (1989), *Berlin seit dem Kriegsende*, MUP, Manchester.

Schneider, P. (1989), *Vati*, Luchterhand, Frankfurt/Main.

Stephan, C. (1986), 'Schönheit in Wehr und Waffen', *Der Spiegel*, 39, 86–7.

Wahrig, G. (1978), *dtv-Wörterbuch der deutschen Sprache*, dtv, Munich.

Wallraff, G. (1990), *Der Aufmacher*, edited with introduction and notes by Sandford, J., MUP, Manchester.

Zapf, W. (1989), 'Sozialstruktur und gesellschaftlicher Wandel in der Bundesrepublik Deutschland', in Weidenfeld, W., and Zimmermann, H., (eds), *Deutschland-Handbuch: eine doppelte Bilanz 1949–1989*, Carl Hanser, Munich, Vienna, 99–124.

Key to assignments

The assignments are numbered consecutively throughout the book. Not all assignments have suggested answers.

ASSIGNMENT 2

1. A letter
2. A reflective essay
3. Argument
4. Argument

ASSIGNMENT 3

1. *„Eine Frauenbewegung ist nicht mehr nötig." Nehmen Sie zu dieser Behauptung Stellung.*

Key words

Frauenbewegung; nicht mehr nötig

Key questions

● Was versteht man unter einer „Frauenbewegung"?
● Warum heißt es „nicht mehr nötig"? War sie in der Vergangenheit nötig?
● Hat sich die Lage geändert? Wie?

2. *„Partnerschaft ja, Heirat nein." Was sind die Vor- und Nachteile des modernen Trends zur offenen Beziehung?*

Key words

Partnerschaft; Heirat; offene Beziehung

Key questions

● Wie unterscheiden sich Partnerschaft und Heirat?
● Was versteht man unter einer „offenen Beziehung"?
● Stimmt es, daß ein Trend zum Nicht-Heiraten besteht?
● Wenn es stimmt, was sind die Folgen für den einzelnen und für die Gesellschaft?

Your key questions do not have to be identical to the ones suggested here. These are merely suggestions to help you start thinking about the topic.

ASSIGNMENT 4

1. *„Der Sonntag sollte nicht zu einem normalen Wochentag werden."* Nehmen
Sie zu dieser Behauptung Stellung.

(a) Argumente für die Freiheit des einzelnen, an jedem Tag verkaufen und einkaufen zu können.

(i) Die Regierung sollte den Bürgern so viel Freiheit erlauben wie nur möglich.

(ii) Viele Berufstätige können nur am Sonntag mit der Familie einkaufen gehen.

(iii) Einige Angestellte wollen mehr arbeiten, um mehr Geld zu verdienen.

(b) Argumente für die Befreiung von dem Druck, an jedem Tag arbeiten zu müssen.

(i) Wenn die Geschäfte sonntags aufmachen, wird von allen Angestellten erwartet, daß sie bereit sind, an jedem Tag zu arbeiten.

(ii) Es gibt aber Leute, die aus religiösen Gründen oder persönlichen Gründen nicht arbeiten möchten. Einige wollen in die Kirche gehen, andere wollen mehr Zeit im Kreis der Familie verbringen. Man muß auch ihre Rechte schützen.

2. *Die Pressefreiheit – Illusion oder Eckstein der Demokratie?*

(a) Was bedeutet Pressefreiheit?

(i) Keine Zensur; keine Zeitung, die ein offizielles Organ der regierenden Partei ist.

(b) Charakteristika der Demokratie.

(i) Das Volk nimmt an der Regierung teil.

(ii) Alle BürgerInnen haben die gleichen Chancen und die gleichen Rechte.

(c) Die Rolle der Presse in einer Demokratie.

(i) Information.

(ii) Meinungsbildung.

(iii) Kontrollfunktion.

(d) Vorteile der Pressefreiheit.

(i) Die Bürger haben Zugang zu denselben Informationen wie ihre Vertreter.

(ii) Aufgrund von diesen Informationen können sich die Bürger eigene Meinungen bilden.

(iii) Da die Presse die Freiheit hat, über alle Aspekte einer Frage zu berichten, kann sich die Regierung unmöglich jeder Kritik und oppositionellen Stimme entziehen.

(e) Sind der Pressefreiheit Schranken gesetzt? Sind sie nötig?

(i) Das Gesetz zum Schutz der Jugend.

(ii) Gesetze, die die Veröffentlichung von pornographischem Material verbieten.

(iii) Gesetze zum Schutz vor Verleumdung.

3. *Verbot oder Legalisierung – wie löst man das Problem des Drogen-mißbrauchs?*

(a) Für die Legalisierung des Gebrauchs von allen Drogen.

(i) Wenn die Polizei die Verbraucher von Drogen nicht fahnden und anklagen muß, hat sie mehr Geld und Zeit für die Jagd auf die Dealer mit harten Drogen.

(ii) Der Gebrauch von Drogen geht nur das Individuum an.

(b) Für die Legalisierung des Gebrauchs von weichen Drogen.

(i) Illegale weiche Drogen (z.B. Kannabis) sind nicht schlimmer oder sogar weniger schlimm als Tabak, Alkohol, medizinische Präparate.

(ii) Das Verbot kann den Gebrauch fördern.

(c) Gegen die Legalisierung des Gebrauchs von weichen Drogen.

(i) Mehr Leute werden anfangen, weiche Drogen zu verwenden.

(ii) Leute, die mit weichen Drogen anfangen, wechseln oft auf harte Drogen über.

(d) Für die Legalisierung des Gebrauchs von harten Drogen.

Vgl. (a)(i) und (a)(ii) oben.

(e) Gegen die Legalisierung des Gebrauchs von harten Drogen.

(i) Die Verwender von harten Drogen sind oft gewalttätig, wenn sie von einem „High" herunterkommen.

(ii) Harte Drogen sind teuer: Drogensüchtige verlegen sich oft aufs Stehlen, um sie bezahlen zu können.

(iii) Die Sucht hat verheerende Auswirkungen auf die Familien, Freunde, Kinder der Süchtigen.

4. *Welche Rolle spielt die Universität in der heutigen Gesellschaft?*

(a) Akademische Rolle.

(i) Im Leben des Einzelnen.

(ii) In der Gesellschaft.

(b) Gesellschaftliche Rolle.

(i) In der Entwicklung des Einzelnen.

(ii) In der Entwicklung der Gesellschaft.

Your points do not have to be identical to the ones suggested here. These are merely suggestions to help you start thinking about the topic, not plans that have to be followed to the letter in order to produce an acceptable essay.

ASSIGNMENT 5

The most important general points that can be made on the basis of these statistics are as follows.

1. Der deutsche Haushalt hat sich im Laufe des zwanzigsten Jahrhunderts stark geändert. Er ist nämlich kleiner geworden und stimmt oft nicht mit dem traditionellen Familienbild von Vater, Mutter und Kindern überein.

Statistiken, die diese Behauptungen unterstützen:

● Im Jahr 1900 betrug die Durchschnittsgröße eines Haushalts 4,5 Personen. Bis 1990 ist die Durchschnittsgröße eines Haushalts auf 2,3 Personen zurückgegangen.

● 1950 waren nur 19,4% der Haushalte Einpersonenhaushalte. 1985 waren es 33,6%

● 1957 hatte jedes fünfte Paar drei oder mehr Kinder. 1993 war es nur noch jedes siebte Paar.

2. Die Lage der Frau hat sich im Laufe der letzten fünfzig Jahre radikal geändert.

Statistiken, die diese Behauptung unterstützen:

● 1949 machten nur 3% aller Frauen das Abitur. Bis 1987 ist die Zahl auf 20% gestiegen.

● Die wachsende Zahl von Scheidungen (1955/1990) deutet darauf hin, daß Frauen sich immer öfter in der Lage finden, unabhängig von Männern leben zu können.

3. Das Bildungsniveau ist gestiegen. Mehr Menschen (vor allem Frauen, siehe oben) profitieren von der höheren Bildung.

Statistiken, die diese Behauptung unterstützen:

● 1955 besuchte die Mehrheit der Dreizehnjährigen (72%) nur eine Hauptschule, kein Gymnasium und keine Realschule. Bis 1985 ist die Zahl derjenigen, die nur eine Hauptschule besuchen, auf 37% gesunken.

● 1970 machten nur 10% aller Schüler das Abitur. 1993 waren es 33%

4. Der Lebensstandard der durchschnittlichen deutschen Familie hat sich in vieler Hinsicht verbessert.

Statistiken, die diese Behauptung unterstützen:

● 1950 verfügte jede Person über 15 Quadratmeter Wohnraum. 1993 waren es 36 Quadratmeter.

● 1968 hatten 33% aller Wohnungen Bad, Dusche, WC und Zentralheizung. 1993 hatten 74% aller Wohnungen Bad, Dusche, WC und Zentralheizung.

5. Aber hat der Wohlstand seine Schattenseiten?

Statistiken, die verschiedene Interpretationen zulassen:

● 1950 aßen die Deutschen 37 Kilo Fleisch pro Person pro Jahr. Der Durchschnittsdeutsche rauchte 500 Zigaretten und trank 35 Liter Bier pro Jahr. 1990 aßen sie über 100 Kilo Fleisch pro Person pro Jahr, und der Durchschnittsdeutsche rauchte 2 000 Zigaretten und trank 143 Liter Bier pro Jahr.

● Der steigende Konsum von Fleisch, Zigaretten und Bier spiegelt die Zunahme des verfügbaren Einkommens unter vielen gesellschaftlichen Gruppen wider, kann aber der Gesundheit schaden. Der übermäßige Konsum von sogenannnten Genußmitteln (Alkohol und Zigaretten) kann als Zeichen eines Wunsches nach Betäubung der Sinne interpretiert werden, vielleicht weil man mit dem Leben nicht zurechtkommt.

ASSIGNMENT 6

1. Schreiben Sie einen Brief an das Ministerium, in dem Sie gegen den Bau eines neuen Kernkraftwerkes protestieren.

Argumente für den Bau neuer Kernkraftwerke

(i) Der Bau eines neuen Kernkraftwerkes schafft neue Arbeitsplätze.

(ii) Wenn wir unsere eigene Kernenergie erzeugen, sind wir nicht von den erdölproduzierenden Ländern abhängig.

(iii) Kernkraftwerke werden für sauberer gehalten als Kohle- und Ölkraftwerke, die die Luft mit Schadstoffen wie Schwefeldioxyd belasten.

Argumente gegen die Kernenergie

(i) Selbst bei Normalbetrieb wird laufend Radioaktivität frei und trägt zur Verseuchung der Atmosphäre bei.

(ii) Wenn es einen Reaktorunfall gäbe, würden sehr viele Menschen sterben oder strahlenkrank werden, nicht nur in unmittelbarer Umgebung des Kernkraftwerkes.

(iii) Die Mengen von Radioaktivität, die bei einem großen Reaktorunfall frei würden, könnten die Erde unbewohnbar machen.

(iv) Strahlenkranke würden wie Aussätzige behandelt werden.

(v) Um die Kernkraftwerke vor Terroristen zu schützen, muß man umfassende Sicherheitsmaßnahmen einführen; das kostet viel Geld.

(vi) Es gibt keine sichere Methode, den Müll, der in den Kernkraftwerken erzeugt wird und zum Teil viele Millionen Jahre lang strahlt, zu beseitigen.

Although the question asks you to write a letter protesting against the construction of a nuclear power station, your letter will be more effective if you include the most important arguments for the construction of the power station (and refute them).

The pattern used is: A1, A2, A3; B1, B2, B3, B4, B5, B6.

2. Sie haben an einer Demonstration gegen den Bau eines neuen Kernkraftwerkes teilgenommen. Schreiben Sie einen Brief an einen Freund/eine Freundin, worin Sie die Demonstration und die Gründe für Ihre Teilnahme beschreiben.

Here you are being asked to narrate an event from your personal perspective and to share with a friend your reasons for demonstrating. Concentrate on one or two arguments that are important to you personally; if you list all the arguments against building a new power station and against nuclear energy in general, your letter is likely to lose the personal tone it should have (and may bore your friend, who is, after all, more interested in you and your reasons for doing things than in general arguments). It is not necessary to discuss the arguments with which you disagree unless you know that your friend is a committed advocate of the new power station. As you are asked to narrate an event rather than to write a report on it (e.g. for a newspaper), it will be natural for you to highlight those aspects of the demonstration which you consider important rather than attempt to give an objective and fully comprehensive description. Therefore, rather than provide a plan, which would differ vastly from one writer to the next, I have provided a sample letter as an example of a text that might be appropriate in such a situation. If you want to try writing a letter of your own, do not read the sample letter until you have finished.

Weinheim, den 5. Juni 1995

Liebe Ursel,

es tut mir leid, daß ich Dir so lange nicht geschrieben habe, aber Du weißt ja, daß ich sehr viel für das Abitur lernen mußte. Am Freitag fand die letzte Prüfung statt, und jetzt habe ich mehr Zeit für mich und kann vieles nachholen, z.B. Briefe schreiben.

Weißt Die, was ich am Samstag gemacht habe? Ich habe zum ersten Mal in meinem Leben an einer Demonstration teilgenommen. Du weißt wahrscheinlich nicht, daß hier in der Nähe ein neues Kernkraftwerk gebaut werden soll. Viele Leute sind sogar dafür, weil sie meinen, daß dadurch neue Arbeitsplätze geschaffen werden. Die Grünen haben eine Demo gegen den Bau organisiert, und ich und viele meiner Freunde machten mit. Ich war vorher nie auf einer Demo gewesen, weil es mir immer zu peinlich war, öffentlich Farbe zu bekennen. Diesmal aber lag mir und meinen Freunden so viel daran, den Bau dieses Kernkraftwerkes zu verhindern, daß wir unbedingt mitmachen wollten, egal was andere Leute von uns halten sollten. Wir haben gerade „Die Wolke" von Gudrun Pausewang in der Schule gelesen, und in dem Roman sieht man, wie verheerend die Folgen einer Nuklearkatastrophe sein können. Abgesehen davon, daß Radioaktivität sogar bei Normalbetrieb laufend frei wird, könnten die Mengen von Radioaktivität, die bei einem großen Reaktorunfall frei würden, die Erde unbewohnbar machen. Stell Dir vor, was für Folgen so ein Unfall für die Bewohner der näheren Umgebung hätte! Ich sehe schon ein, daß mehr Arbeitsplätze dringend nötig sind, aber meiner Meinung nach ist der Bau eines Kernkraftwerkes ein zu hoher Preis dafür. Ich finde, die angeblichen Vorteile der Atomenergie wiegen die Gefahren einfach nicht auf.

Aber genug davon – ich will keine Predigt über die Vor- und Nachteile der Kernenergie halten! Trotz des ernsten Anlasses machte es sehr viel Spaß, an der Demo teilzunehmen. Die Sonne schien die ganze Zeit, und alle Teilnehmer waren so freundlich. Für mich war der Höhepunkt das Straßenfest auf dem Marktplatz, nachdem wir durch die Stadt marschiert waren. Einige Bekannten von meinen Großeltern sahen mich ein Plakat tragen und halten mich jetzt bestimmt für eine radikale Linke!

Ich mache jetzt Schluß, weil ich ins Bett muß, sonst schaffe ich es nicht, morgen rechtzeitig zur Arbeit zu gehen.

Schreib bitte bald!

Liebe Grüße

Deine Maria.

ASSIGNMENT 8

The original order of the paragraphs was: 6, 3, 2, 5, 7, 1, 4.

ASSIGNMENT 9

The original order of the paragraphs was: 5, 3, 2, 7, 6, 8, 1, 9, 10, 4.

ASSIGNMENT 10

1. No.

The first half of example 3.10 elaborates upon the idea expressed in the first sentence and reasons are given for some people's failure to understand why women should wish to bear arms. The second half of the example, however, describes a contrasting viewpoint, maintaining that the differences between men and women are not as great as they are often made out to be and are moreover the result of nurture, not nature. The implication is that such differences could be eradicated if society were to change. Examples 3.11 and 3.12 deal only with the idea expressed in the first sentence.

2. In my opinion, the topic sentences in examples 3.11 and 3.12 give a good indication of the content of the following paragraphs. However, the topic sentence in example 3.10 is not a completely accurate reflection of all the points that are discussed in that paragraph.

3. Example 3.10: The reasons for the lack of understanding are given, i.e. that some people believe that men and women do not have to do exactly the same things in order to be equal. In the opinion of such people, each sex should do what it is suited for, and many people do not believe that women are suited to bearing arms. The example goes on to present an opposing view, i.e. that differences between men and women are often not as important as they are claimed to be, but that stereotypical expectations based on these perceived differences can have negative effects on both sexes, by restricting the choices open to them.

Example 3.11 develops the idea that all citizens must have access to sufficient information if they are to be able to make informed decisions, e.g. when voting for an MP; a choice made in ignorance of the true facts is not a real choice. The importance of the role of newspapers in providing information is underlined.

Example 3.12 reminds readers that the media not only disseminate information but, by commenting on that information, e.g. in editorials, can influence the way we think about an issue. They therefore have a role as opinion-makers.

4. In my opinion, yes.

Example 3.11: Here we are given a specific instance – an election – of how the information role of the newspapers is important in helping citizens make an informed choice. The chosen instance is typical of the sort of decision to be made by citizens living in a democracy.

Example 3.12: The paragraph makes clear what is meant by 'Meinungsbildung' in the first sentence.

Example 3.10: The first sentence describes a state of affairs. The next four sentences help to explain why this is so. An important argument of those opposed to women bearing arms is discussed (cf. Answer 3 above). The second half of the example (from 'Dem ersten Standpunkt steht . . .') presents a counter-argument (see Answer 3 above).

5. Yes in examples 3.11 and 3.12, no in example 3.10. Example 3.10 has an argument and a counter-argument in the same paragraph.

6. I would divide Example 3.10 into two shorter paragraphs in order to give greater prominence to each of the two viewpoints expressed in it. The second paragraph would begin 'Dem ersten Standpunkt steht . . .'.

7. See Answer 6 above.

ASSIGNMENT 11

(a) *„Der Sonntag sollte nicht zu einem normalen Wochentag werden." Nehmen Sie zu dieser Behauptung Stellung.*

Aus dem Vorhergehenden wird klar, daß die von einigen Menschen geforderte Freiheit, an jedem Tag Geschäfte zu machen, für andere eine Beschneidung ihrer Freiheit bedeutet. Vielleicht würde nur eine Minderheit leiden, wenn der Sonntag zu einem normalen Wochtentag werden sollte, aber ein zivilisierter Staat nimmt auch auf die Rechte seiner Minderheiten Rücksicht. Die Regierung könnte zum Beispiel darauf bestehen, daß jeder Arbeitsvertrag eine Gewissensklausel enthält. Aber vielleicht würde man Menschen, die sich auf solche Gewissensklauseln berufen, einfach nicht anstellen. Deshalb ist es meines Erachtens besser, wenn die Geschäfte, Banken und so weiter sonntags zu bleiben. Da man letzten Endes an sechs Wochentagen einkaufen und verkaufen kann, kann man kaum behaupten, die Rechte der Minderheit würden auf Kosten derer der Mehrheit geschützt.

(b) *Verbot oder Legalisierung – wie löst man das Problem des Drogen-mißbrauchs?*

Es leuchtet einem schon ein, daß die Polizei ihre begrenzten Mittel gegen die Händler und nicht gegen die Verbraucher von Drogen einsetzen will. Die Polizei darf aber ihre Prioritäten nicht nur durch die ihr zur Verfügung stehenden Geldmittel bestimmen. Unsere Gesetze sollten unsere gesellschaftlichen Werte widerspiegeln. Wenn wir das unter dem Einfluß von harten Drogen zum Vorschein kommende Verhalten für nicht akzeptabel halten, dann sollten unsere Gesetze dies widerspiegeln. Die Gesetze sollten aber auch berücksichtigen, daß es wenig sinnvoll ist, Drogensüchtige ins Gefängnis zu schicken: sie sollten vielmehr in Entziehungskliniken behandelt werden. Die Argumente gegen weiche Drogen sind nicht so zwingend. Meines Erachtens könnte aber deren Legalisierung als Zeichen aufgefaßt werden, daß der Gebrauch von Drogen im allgemeinen als gesellschaftlich akzeptabel angesehen wird. Aus diesem Grund halte ich die Legalisierung des Gebrauchs von Drogen für keine gute Lösung des Problems des Drogenmißbrauchs. Eine effektive langfristige Lösung kann meines Erachtens nur durch verbesserte Aufklärungsarbeit unter allen gesellschaftlichen Gruppierungen erreicht werden.

(c) *Schreiben Sie einen Kommentar zu den folgenden Daten und ziehen Sie Schlüsse daraus.*

Diese Zahlen deuten ziemlich klar darauf hin, daß es den Deutschen jetzt besser geht als früher. Sie wohnen in größeren, besser ausgestatteten Wohnungen, können sich mehr Nahrungs- und Genußmittel leisten und haben bessere Bildungschancen. Die Zahlen zeigen aber auch, daß immer mehr Menschen allein wohnen und daß immer mehr Kinder mit nur einem Elternteil aufwachsen. Deshalb gibt das hier dargestellte Bild der deutschen Gesellschaft keinen Anlaß zur ungetrübten Freude.

ASSIGNMENT 12

1. How many Germans does the writer know? Does he or she really know a representative sample?
2. How typical are these attacks? How many Germans took part in them? Are there any examples of demonstrations against such attacks?
3. Is any research cited in order to back up the claim made here? Is the claim based on hard evidence or on 'common sense'? How valid is 'common sense' as a criterion?
4. How representative are these women? Can you find counter-examples?
5. Are we referred to any studies that prove this claim?
6. How representative of Germany are the studies by Ammon and Hasselberg? Do the findings of the three studies point as clearly to the conclusion reached here as the author believes they do?
7. What does equality between the sexes mean? Is it restricted to the public sphere? To what sphere of women's lives do these statistics refer?

8. Does Stickel refer to academic studies of the German language? Is Stickel someone who can speak with authority on such matters?

9. How many facts are we given to back up the claim? Are we told where we can find the facts should we wish to check them?

ASSIGNMENT 15

1. Ich war verreist. Folglich/deshalb kann ich von dem Vorfall nichts wissen.
2. Sie verdient nicht viel. Trotzdem ist sie sehr großzügig.
3. Ich hatte nirgendwo in der Gegend einen Bus gesehen. Deshalb/deswegen/folglich stellte ich mich auf die Straße und winkte ein Taxi heran.
4. Du mußt dich beeilen. Sonst verpaßt du den Zug.
5. Das Kind hat die ganze Nacht geweint. Es hatte nämlich Zahnweh.
6. Der Wind wehte stark. Außerdem schneite es recht heftig.
7. Es leuchtet mir schon ein, daß Atomwaffen als Abschreckung dienen können. Trotzdem finde ich es unverantwortlich, daß zur Zeit so viel Geld für Waffen ausgegeben wird.
8. Ich kann nicht mitgehen. Ich muß nämlich arbeiten.

The sentences can be linked even more closely by replacing the full stop with a comma or a semi-colon, thus forming one sentence, e.g. *Der Wind wehte stark; außerdem schneite es recht heftig.*

ASSIGNMENT 16

1. Deine Tante gibt uns bestimmt das Geld, zumal/weil du ihre einzige Verwandte bist.
2. Sie flüsterte, damit* die Leute in der nächsten Reihe sie nicht hören konnten.
3. Sein Rücken tat ihm weh, so daß* er kaum aufstehen konnte.
4. Ich kann ihr nicht helfen, obwohl ich sie sehr liebe/Ich liebe sie zwar sehr, aber ich kann ihr nicht helfen.
5. Sie vermied einen Unfall, dadurch daß/indem sie rechtzeitig bremste.
6. Sie und ihr Mann gingen oft im Gebirge wandern, außer wenn es regnete.
7. Obwohl der Aufsatz sehr gut ist, kann ich ihm keine Eins geben.
8. Die SPD existiert schon seit Jahren, während/wohingegen die Grünen eine relativ neue Partei sind.
9. Sie haben angeboten, mir zu helfen, ohne daß ich sie darum bitten mußte.
10. Kafka sprach sowohl Deutsch wie/als auch Tschechisch.

Damit and *so daß* can both be translated into English as 'so that', but they have different meanings. *Damit* means 'in order that', *so daß* means 'with the result that'.

ASSIGNMENT 17

1. Eine besondere Attraktion ist das Sport- und Erholungszentrum, das zu jeder Jahreszeit zum Baden, Eislaufen, Ballspielen und vielen anderen Unterhaltungen einlädt.
2. Sie schrieb einen Roman, der ein großer Erfolg war.
3. Wir kamen in der Stadt an, in der unser Freund wohnt.
4. Die Lehrerin schenkte dem Kind, dessen Eltern sie kennt, ein Buch.
5. In Island wurden zwei Menschen bei einer Lawine, die ihren Bauernhof verschüttete, lebensgefährlich verletzt.
6. Der Mann, dem ich helfe, ist sehr alt.
7. Frau Meier, deren Tochter ich neulich kennengelernt habe, besucht uns morgen.
8. Ist das der Betrieb, dessen Besitzer verunglückt ist?
9. Die Bekannten, mit denen wir uns treffen wollten, haben heute keine Zeit.
10. Wir besichtigen jetzt ein Haus, dessen Alter auf 350 Jahre geschätzt wird.

ASSIGNMENT 18

(Other answers are possible)

Im Juni 1963 wurde Elisabeth in Hamburg geboren, wo sie mit fünf Jahren auch eingeschult wurde. Sechs Jahre später ging sie in derselben Stadt aufs Gymnasium, und im Juni 1982 machte sie das Abitur, was es ihr ermöglichte, ein paar Monate später nach Marburg auf die Universität zu gehen. Als Teil ihres Studiums der Anglistik und der Romanistik verbrachte sie jeweils sechs Monate in Schottland und Spanien. Während ihres Aufenthalts in Schottland lernte sie ihren zukünftigen Mann kennen. 1988, sechs Jahre nachdem sie mit dem Studium angefangen hatte, bestand sie die Abschlußprüfung in Anglistik und ein Jahr später bestand sie auch die Abschlußprüfung in Romanistik. Anschließend nahm sie eine Lehrerausbildung auf, und sie wurde dann 1990 als Lehrerin eingestellt.

ASSIGNMENT 19

(Other answers are possible)

Im Juni 1963 wurde Elisabeth in Hamburg geboren, <u>wo</u> <u>sie</u> mit fünf Jahren <u>auch</u> eingeschult wurde. Sechs Jahre später ging <u>sie</u> in <u>derselben</u> Stadt aufs Gymnasium, <u>und</u> im Juni 1982 machte <u>sie</u> das Abitur, <u>was</u> es ihr ermöglichte, <u>ein paar Monate später</u> nach Marburg auf die Universität zu gehen. <u>Als Teil ihres Studiums</u> der Anglistik <u>und</u> der Romanistik verbrachte <u>sie</u> jeweils sechs Monate in Schottland <u>und</u> Spanien. <u>Während ihres Aufenthalts in Schottland</u> lernte <u>sie</u> ihren zukünftigen Mann kennen. 1988, <u>sechs Jahre nachdem sie mit dem Studium angefangen hatte</u>, bestand <u>sie</u> die Abschlußprüfung in Anglistik, <u>und ein Jahr später</u> bestand <u>sie auch</u> die Abschlußprüfung in Romanistik. <u>Anschließend</u> nahm <u>sie</u> eine Lehrerausbildung auf, <u>und sie</u> wurde <u>dann</u> 1990 als Lehrerin eingestellt.

ASSIGNMENT 20

(a) The subject of the paragraph is the forthcoming 750th anniversary of the founding of Berlin.

> Große Ereignisse werfen ihre Schatten voraus. Berlin, die geteilte Stadt, feiert 1987 ihren 750. Geburtstag. Wohl weniger die Jahreszahl als vielmehr die besondere Situation, in der die deutsche Metropole an der Spree ihr Fest zelebriert, gibt dem Jubiläum seinen außergewöhnlichen Charakter.

The fact that all these terms refer to the anniversary (*große Ereignisse* includes such events as anniversaries) makes the paragraph cohesive, whilst the variety of terms used makes the text more interesting.

(b) The subject of the text is the assassination of a Jordanian politician.

> Drei palästinensische Maschinenpistolenschützen haben am Sonntagnachmittag den jordanischen Ministerpräsidenten Wasfi El-Tele (51) erschossen, als er nach einer Sitzung des arabischen Verteidigungsrates das Kairoer Sheraton-Hotel betrat. Die Männer in Zivilkleidung hatten die Ankunft des Ministerpräsidenten erwartet. Sie schossen auf ihn aus drei verschiedenen Richtungen. Tele brach unter dem Kugelhagel zusammen und starb auf der Stelle. Ein ägyptischer Leibwächter wurde am Bein verletzt. Die Attentäter wurden in kurzer Zeit festgenommen.

(c) The subject of the paragraph are memories of Berlin as it was before the Second World War.

> Ich habe keine Erinnerung mehr an das unzerstörte Berlin. Obwohl ich hier geboren und aufgewachsen bin und die Vernichtung mitangesehen habe, kann ich mich schlecht entsinnen. Und darum stört mich dieses Trümmergebiet so wenig wie eine Landschaft, in der ich zu Hause bin. Viele unserer Frauen aber konnten nie ganz vergessen, wie es einmal war und wie es heute ist, im Lachen, im Scherzwort unterbrachen sie sich plötzlich und schluchzten in die Hände.

ASSIGNMENT 21

1. *Wir haben ihn im Garten gesucht. Dort war aber niemand zu sehen.*

The garden has already been mentioned, the new information is that no one was to be seen there.

2. *Ich sehe ihn oft. Seinen Bruder sehe ich aber selten.*

The use of *seinen* links *Bruder* with *ihn*, and the link is made even clearer by putting the accusative object in initial position.

3. *Er war drei Wochen in der Türkei. Darum ist er so braun.*

Darum refers back to *drei Wochen in der Türkei*, i.e. the reason for his tanned appearance.

4. *Ein junger russischer Physiker machte eine sensationelle Entdeckung. Dieser Entdeckung wollten alle westlichen Wissenschaftler auf die Spur kommen.*

The dative object refers to something already mentioned or known, whereas the rest of the sentence gives new information about the discovery.

5. *Es gibt heute im Westen bei vielen Menschen eine wachsende Besorgnis über die weitere Entwicklung der Technik. Diese Besorgnis findet man vor allem unter jungen Menschen.*

The accusative object refers to something already mentioned or known, whereas the rest of the sentence gives new information about this concern.

6. *Die jungen Frauen werden in Datenverarbeitung, Rechnungswesen und Organisation unterrichtet. Mit zum Programm gehört ein vierwöchiges Praktikum im Heimatland.*

The prepositional object refers to something already mentioned or known: the *Datenverarbeitung, Rechnungswesen*, etc. are all elements of the 'programme'.

7. *Übereinstimmung besteht darin, daß der soziale Protest nicht als wichtigster Grund für den Erfolg von rechtsradikalen Parteien angesehen werden darf. Darauf legt vor allem die „Infas" Studie großen Wert.*

The **prepositional adverb** *darauf* refers to the idea contained in the preceding *daß*-clause. It makes clear what the *Infas* study thinks is worth stressing.

8. *Im Osten umwerben die rechten Parteien Menschen, die früher der Kommunistischen Partei angehörten. An diesen ehemaligen Kommunisten haben die Republikaner zum Beispiel großes Interesse.*

The *ehemaligen Kommunisten* in the second sentence are the same people as the *Menschen, die früher der Kommunistischen Partei angehörten*, so, as expected, the second sentence begins by referring to a concept already known to the reader, and the new information, that the right-wing Republicans are interested in these ex-Communists, comes later.

ASSIGNMENT 22

1. *geschunden, verludert, auf der Straße des Verfalls.*
2. The author thinks that a negative development has taken place as regards the use of German, that the language is in decay.
3. *Die Nichtbeachtung der Sprachregeln.*
Die Fachsprache, die Fachterminologie, die Fachwörter, die Fachausdrücke.
4. *Der zunehmende Gebrauch von Fremdwörtern, die zunehmende Übernahme von Fremdwörtern, die zunehmende Entlehnung von Fremdwörtern.*

5. The use of *Hochsprache* implies that what is taught nowadays is not *Hochsprache*, i.e. not standard German. The everyday meaning of the expression *Hochsprache* is 'standard German'. The linking of *Hochsprache* with *Klassiker* (i.e. important German writers) implies, too, that it is to be understood as *hohe Sprache*, i.e. as a better form of language than is taught and used nowadays.

ASSIGNMENT 23

(a) Vorurteile können fast immer auf eine primitive Einstellung der Menschheit zurückgeführt werden. Die Menschen leiden an einer inhärenten Unsicherheit, die zu engstirnigen Lebensanschauungen führen kann, bzw. zu Vorurteilen gegenüber dem Ausland. Vorurteile können humorvolle Bilder hervorrufen, aber im allgemeinen nutzen Unwissende sie aus, um sich über die Eigenschaften eines anderen Volkes lustig zu machen. Stimmt es aber, daß in Vorurteilen immer ein Körnchen Wahrheit steckt?

(b) Die zwei Länder, mit denen ich mich beschäftigen werde, haben beide ihre eigenen Traditionen. Im Laufe der Zeit haben sich aus diesen Traditionen Vorurteile gegenüber diesen Ländern entwickelt. Was noch schlimmer ist, die beiden zu behandelnden Länder haben ihre eigene Sprache, und Vorurteile entstehen oft durch sprachliche Mißverständnisse.

(c) Typisch deutsch sein heißt eigentlich, so sein, wie wir uns die Deutschen vorstellen. Solche Vorstellungen oder Stereotype werden von uns verwendet, um das Leben zu vereinfachen. Sie lassen uns glauben, daß wir fremde Leute, bzw. Völker durchschaut und eingeordnet haben. Sie spiegeln vielleicht einen Aspekt der Wirklichkeit wider, aber im Grunde sind sie Verallgemeinerungen, deren Gültigkeit oft etwas zu wünschen übrig läßt und die gefährlich sein können, wenn sie uns dazu verleiten, die Menschen als Typen statt als Individuen zu sehen. Das hier dargestellte Stereotyp des Deutschen schließt bestimmt nicht alle Deutschen ein. Wie ist es denn zustande gekommen, und wie zutreffend ist es?

ASSIGNMENT 24

1. Der Aufsatz besteht aus zwei Teilen.
2. An der Kreuzung ereignete sich ein Unfall.
3. Wo steckt er bloß?
4. Das Fleisch liegt im Kühlschrank.
5. Die zwei Länder befinden sich im Krieg(szustand).
6. Es besteht/existiert kein Zweifel.
7. Sie befindet sich in guten Händen.
8. Das alte Haus steht noch.
9. Michael soll diesen Kuchen nicht essen.
10. Ihre Eltern stammen aus der Schweiz.
11. Er verhält sich mir gegenüber wie ein Freund.

12. Wieviel kosten die Bücher?

13. Dieses Fahrrad gehört mir.

14. *a* verhält sich zu *b* wie *x* zu *y*.

15. Die Bücher stehen im Regal.

16. Sie soll nächsten Monat befördert werden.

17. Die Flasche steht auf dem Tisch.

18. Die Zeitungen liegen auf dem Boden.

19. Es besteht Gefahr.

20. Der Unterschied besteht darin, daß . . .

ASSIGNMENT 25

1. Die von Soldaten umringte Stadt mußte sich ergeben.

2. Das vor zwei Tagen von Terroristen entführte Flugzeug landete heute morgen in Kairo.

3. Ich möchte das von dir empfohlene Restaurant besuchen.

4. Er hatte Hunger auf das von Alberts Mutter selbst gebackene Brot.

5. Meine Auffassung von einem typischen Deutschen basierte auf einem immer wieder in Kriegsfilmen auftauchenden Klischee.

6. Die Studenten kritisierten die vom Parlament mit knapper Mehrheit verabschiedeten Notstandsgesetze.

7. Die seit vier Jahren regierende rot-grüne Koalition in Niedersachsen ist die Gewinnerin der Landtagswahl vom Sonntag.

8. Die in jüngster Zeit in Deutschland entstandenen Protestparteien werden nach Auffassung des Bundespräsidenten keine „Dauererscheinung" bleiben.

9. Außer der Schwägerin des seit 24 Jahren im Zuchthaus sitzenden Mitbegründers des verbotenen Afrikanischen Nationalkongresses wurden 29 weitere Personen verhaftet.

10. Hauptstreitpunkt ist der von Südafrika als Vorbedingung für eine Lösung des Problems geforderte Abzug der kubanischen Truppen.

ASSIGNMENT 26

5. Meine Freundschaft zu Genscher war kein Faktor bei der Neubildung der Regierung.

6. Ich habe ihn bei der Uraufführung des Theaterstücks im Publikum gesehen.

7. Sie rief mich vor ihrer Abfahrt an.

8. Nach der Verwirklichung ihrer Träume hörte sie mit der Arbeit auf.

9. Trotz ihrer schweren Krankheit ging sie zur Arbeit.

10. Die männlichen Mitglieder des Klubs sind nicht mit der Zulassung von Frauen einverstanden.

11. Wegen seiner großen Liebe zum Pferderennen hat er viel Geld verloren.

12. Erich Honecker wollte die internationale Anerkennung der DDR erreichen.

13. Die Probleme fingen mit der Ausbürgerung Wolf Biermanns an.

14. Nicht alle ehemaligen Bürger der DDR sind mit dem Beitritt ihres Staates zur BRD zufrieden.

ASSIGNMENT 27

1. *anstiften* and *anzetteln* mean to cause something negative to happen, e.g. *Krawalle, Verschwörungen, Kriege*. Also, they must be used with human (or personified) subjects, and they imply a certain intention on the part of the subject, e.g.

Die Demonstranten zettelten die Krawalle an.
Welches Land stiftete den Krieg an?

The English word 'instigate' could also be used as a translation of these two verbs. *verursachen* is neutral and may be used of negative or positive events, with any sort of subject, and does not imply any intention on the part of the subject, e.g.

Der Unfall verursachte einen Verkehrsstau.

2. The words *Bande* and *Rotte* usually refer to groups of people in a rather derogatory way, e.g. *eine verbrecherische Bande, eine Rotte von Plünderern.* The English word 'gang' could be used as a translation of these two nouns. *Gruppe* is a neutral term for a group of people.

3. *Riechen* may be used of any sort of smell; *duften* is used of pleasant scents, and *stinken* of unpleasant smells, e.g.

Ihre Haare duften nach Seife.
Was riecht hier so komisch?
Dieses Zimmer stinkt nach Rauch.

ASSIGNMENT 28

1. *Das Postwertzeichen* is officialese for stamp; *die Briefmarke* is the every-day term.
2. *Der Gemahl* is elevated, and is occasionally used humorously, e.g. *Wo ist denn Ihr Herr Gemahl?*; *der Ehemann* is neutral.
3. *Das Antlitz* is elevated language and rather old-fashioned; *das Gesicht* is neutral.
4. *Essen* is neutral; *fressen* when used of people is colloquial and may be considered rude; *speisen* is elevated.
5. *Sich betrinken* is neutral; *sich besaufen* is colloquial.
6. *Die Schrift* is neutral; *die Klaue* is colloquial and has negative connotations, i.e. it suggests untidy or illegible handwriting.
7. *Schmerzen* is elevated; *wehtun* is neutral.

8. *Die Raumpflegerin* is the official term for someone doing this job, and it is used in job advertisements, but it has not really caught on in everyday language, where *die Putzfrau* is still common.

9. *Sich unterhalten* is neutral; *schwätzen* is colloquial.

10. *Entwenden* is elevated; *stehlen* is neutral.

ASSIGNMENT 29

> Anna schreibt an ihre Freundin, um ihr mitzuteilen, daß ihr ein Fahrrad gestohlen wurde. Das Fahrrad hatte sie zu Weihnachten von ihrer Großmutter geschenkt bekommen. Zwei Tage später unterhielt sich Anna mit einer Freundin in einem Geschäft. Als sie aus dem Geschäft herauskam, war das Fahrrad verschwunden. Sie war so wütend, daß sie hätte weinen können. Aber die Lage war nicht ganz so schlimm, wie Anna befürchtet hatte. Die Versicherung wird den Verlust bezahlen, und Anna wird sich bald ein neues Fahrrad kaufen können.

Colloquialisms

geschenkt gekriegt: *kriegen* is informal for *bekommen*. This construction with *kriegen* is an informal passive variant.

The following vocabulary items are informal: *Oma, klauen, schwätzen, weg sein, bös, heulen, rausrücken, sich etwas zulegen*. The elision of the final *e* in *böse* occurs with other adjectives in informal usage, e.g. *blöd*. *rauskommen* is informal for *herauskommen* or *hinauskommen*. In informal German no distinction is made between *her-* and *hin-*, but both are reduced to *r*, e.g. *Geh raus* for *Geh' hinaus*, *Komm rein* for *Komm herein*.

Table K.1   Formal and colloquial German

Neutral	Umgangssprache
bekommen	kriegen
böse, wütend	bös
Geld hergeben	mit dem Geld (he)rausrücken
Großmutter, die	Oma, die
sich etwas kaufen	sich etwas zulegen
stehlen	klauen
sich unterhalten	schwätzen
verschwunden sein	weg sein
weinen	heulen
heraus-	raus-
	na ja
preterite tense	often perfect tense (except with **auxiliary** and **modal verbs**)

Anna uses the perfect tense to narrate events in the past (except with the verb *sein*). This is typical of spoken language (especially in southern Germany) and of some informal letter writing. Formal registers use the **preterite**.

The interjection *na ja* is usually restricted to speech, or registers that are close to speech.

Table K.1 summarises the differences between colloquial and more formal German.

ASSIGNMENT 30 (the correct answer is in bold)

1. **knapp**: narrow in the sense of 'only just sufficient'. *schmal*: narrow, thin, slender, *ein schmales Gesicht*; *eng*: narrow, tight, *ein enges Kleid*; *beschränkt*: narrow, restricted, *beschränkte Intelligenz*.

2. **einen Termin**: *Verabredung* is not used for medical or other appointments.

3. **verantwortlich**: *verantwortungsbewußt*: 'responsible' as a human character trait, i.e. opposed to irresponsible; *verantwortungsvoll*: used to describe a job or a duty.

4. **verendet, krepiert**: the verbs *verscheiden* and *entschlafen* are used euphemistically of the deaths of humans.

5. **erschrocken** is the only past participle that collocates grammatically with *bin*. The other two verbs form their perfect tenses with *haben*.

There are two verbs *erschrecken*, one with the past participle *erschrocken*, forming its perfect tense with *sein*, and meaning 'to be frightened/startled', and another with the past participle *erschreckt*, forming its perfect tense with *haben* and meaning 'to frighten or scare someone'.

fürchten is used either with an accusative object, e.g. *ich fürchte den Tod*, or with a *daß* clause, e.g. *Ich fürchte, daß es zu spät ist*.

ASSIGNMENT 31

1. Die Ertrinkende schrie lauthals um Hilfe.
2. Unsere Gastgeber haben uns wie Bevorzugte/Privilegierte behandelt.
3. Ein Neugieriger ging vorbei und schaute über den Zaun.
4. Wo war das Grab der Bewunderten/Verehrten?
5. Es fiel dem Hinkenden (or *dem Humpelnden*, but *humpeln* is more colloquial than *hinken*) schwer, die Treppe hinaufzugehen.
6. Du bist nicht der Erste, der das sagt.
7. Du könntest Neues vom Lehrer lernen, wenn du dich nur mehr anstrengen würdest.
8. Das Wichtigste ist, den Kopf nicht zu verlieren.
9. Das Schöne am Schwimmen ist, daß man keine teure Ausrüstung braucht.
10. Er hat Hervorragendes/Außergewöhnliches geleistet.

ASSIGNMENT 32

Table K.2   Perfect and preterite

Perfect	Preterite
aufgebürdet worden sind	desertierte
hat vorgeführt	versteckte sich
	brach . . . ab
	kündigte
	leistete sich
	lebte
	ging
	befreite

The perfect tenses are used to describe actions which, although they took place in the past, are still considered relevant at the moment of writing.

(i) Lenz may have won his prizes in the past, but as a result of winning them he is considered an important writer at the moment of writing, i.e. in the present.

(ii) The fifty-year period during which Lenz dealt with certain themes in his work is presented as leading up to the present rather than as a period of time which is over and done with and no longer of relevance at the moment of writing.

The preterite tense, on the other hand, is used to narrate the sequence of events that make up the story of Lenz's past life. This is in keeping with the conventions of German: a narrative sequence relating to past events is usually presented in the preterite in formal written texts.

ASSIGNMENT 33

Uli rief, sie hätten sie nach Hause geschickt. In der Luft solle Gift sein. Sehr viel Gift. Und Almut habe angerufen, sie sollten in den Keller gehen. Er sagte, er habe schon Kartoffeln gerieben.

Uli berichtete aufgeregt, sie redeten dauernd von einer Wolke/sie würden dauernd von einer Wolke reden. Und die Wolke sei giftig. Aber er habe es nicht richtig mitbekommen.